FRIES
MILK
CHIPS

JETZT WIRD'S

REZEPTE, SPIEL & SPASS FÜR DIE GANZE FAMILIE

ALLGEMEINE INFOS

ZU DEN REZEPTEN

Soweit nichts anderes angegeben ist, muss der Mixtopf zwischen den Arbeitsgängen NICHT gespült werden.

Die Zutaten werden immer geschält, geputzt, entkernt etc. verwendet. Zum Beispiel: Knoblauchzehen vorher schälen, Tomaten vorher entstielen, Himbeeren vorher waschen usw.

ZEITANGABEN

Bei jedem Rezept findet ihr entweder die Gesamt-Zubereitungszeit oder die Zeit gesplittet in Arbeitszeit und Gehzeit/Backzeit. Bitte beachten, dass es ca.-Angaben sind. Je nachdem wie schnell oder langsam man z.B. Gemüse schneidet, kann diese Zeit variieren.

ABKÜRZUNGEN

Bd.	= Bund	↺	= Linkslauf
EL	= Esslöffel	Msp.	= Messerspitze
g	= Gramm	Min.	= Minuten
geh.	= gehäuft	P.	= Päckchen
gem.	= gemahlen	Sek.	= Sekunden
gestr.	= gestrichen	Spr.	= Spritzer
getr.	= getrocknet	St.	= Stück
gr.	= groß	TL	= Teelöffel
kg	= Kilogramm	TK	= tiefgekühlt
kl.	= klein		

THERMOMIX MODELLE

Alle Gerichte wurden im Thermomix TM6 gekocht und getestet. Sie können die Gerichte auch im TM5 oder TM31 zubereiten.

Wenn Sie die Gerichte im TM31 zubereiten möchten, beachten Sie bitte Folgendes:

- Statt 120°C verwenden Sie Varoma.
- Statt Stufe 0.5 stellen Sie Sanftrührstufe ein.

BEWERTET DIE REZEPTE

Na, hat es euch geschmeckt? Malt einfach so viele Sterne aus, wie ihr Punkte vergeben möchtet.

NEHMT DEN STIFT ZUR HAND

Rätsel lösen, etwas einzeichnen und ausmalen. Los geht's!

FÜR DEN GANZ GROSSEN HUNGER

Rezepte mit diesem Symbol, lassen sich gleich in doppelter Menge im Mixtopf herstellen. Ggf. muss die Zeit verlängert werden, bis die angegebene Temperatur erreicht ist.

FLEISCHLOSE VARIANTE

Bei Rezepten mit diesem Symbol ist eine fleischlose Alternative angegeben.

Hinweis: Parmesan ist nicht rein vegetarisch. Wer auf Käse mit Lab verzichten möchte, kann diesen durch labfreien Käse aus dem Biomarkt ersetzen.

VORWORT ☺

Erstmal herzlichen Glückwunsch zu diesem Buch! Es freut mich sehr, dass Du Dich für dieses Buch entschieden hast.

Es wurde mit ganz viel Herzblut und Liebe erstellt und designed. Alle Rezepte wurden von mir gekocht, getestet und fotografiert.

Als erfahrene Kochbuch-Autorin war es dennoch eine Herausforderung dieses Buch zu erstellen, denn die Rezepte sollten alltagstauglich, kreativ und auch für Familien geeignet sein. Meine beiden Jungs (9 & 11 Jahre) sind nämlich sehr direkt und lassen es mich stets wissen, wenn es ihnen „nicht so schmeckt". Einige Rezepte sind aber auch mehr für die Eltern, andere wiederum eher für die Kinder. Somit kommt jeder auf seine Kosten!

Es war mir zudem wichtig, gängige und handelsübliche Zutaten zu verwenden. Aber viele, die schon das eine oder andere Buch von mir haben, wissen ja, dass ich das immer so handhabe.

Eins war aber klar: Das Buch muss etwas Besonderes werden! Es soll Spaß machen, darin zu blättern und auch die Kinder sollen vom Buch gefesselt werden. Mal sehen, ob mir das gelungen ist. (Meine Kinder haben schon ein Buch vorbestellt bei mir). Es enthält u.a. zwei Lesebänder. So können entweder Eltern und Kinder oder zwei Kinder ein Rezept vormerken, welches demnächst mal gekocht werden soll. Außerdem findet man einige Rätsel, Malvorlagen usw. im Buch. Durch das spezielle Papier kannst Du direkt in das Buch malen oder Dir Notizen machen. Bedenke aber Folgendes: Keine Permanent-Marker oder Kugelschreiber verwenden. Am besten eignen sich Fineliner, Rollerballstifte oder Holzstifte. Da bist Du auf der sicheren Seite.

Nun wünsche ich Dir/Euch ganz viel Spaß und Freude mit dem Buch und los geht´s!

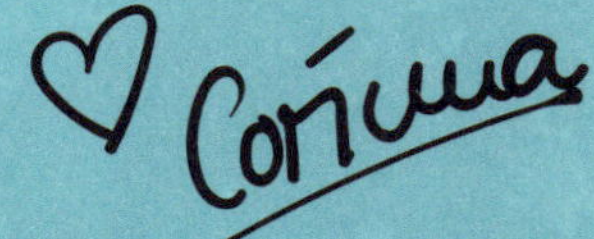

WAS GEHT AB? INHALT

MIT LIEBE GEMACHT

DA HABEN WIR DEN SALAT

... UND LECKERE DRESSINGS

Auf den nächsten Seiten findet ihr jede Menge Salat- und Dressing-Rezepte!

Geeignet als Beilage, zum Mitnehmen oder als leichte Mahlzeit!

KAPITEL 1

Salate & Dressings

COOL!

Buchstaben-Salat

WIE VIELE WÖRTER FINDEST DU?

Die Wörter sind aus der Kategorie Obst und Gemüse, immer vorwärts geschrieben und auch diagonal zu finden.

D	S	T	E	S	F	H	J	K	L	I	N	D	F	S
O	A	I	T	G	B	N	R	B	U	I	N	S	E	C
L	L	K	O	L	I	V	E	N	G	B	I	R	N	E
T	A	K	M	B	T	L	T	U	E	U	S	B	N	M
B	T	K	A	R	O	T	T	E	N	M	R	O	T	I
C	B	B	T	E	D	B	I	I	B	N	N	K	T	L
B	O	T	E	Z	U	U	C	E	S	U	L	K	E	B
E	R	T	Z	N	E	I	H	R	T	T	K	B	T	L
L	A	U	C	H	B	R	L	P	H	J	I	L	G	I
D	P	X	L	D	F	F	D	O	S	O	W	O	J	U
K	F	C	D	O	N	R	K	B	L	W	I	Ö	X	W
L	E	G	C	B	A	N	A	N	E	Z	B	E	R	T
#	L	H	W	A	H	K	C	Z	W	E	U	I	B	A
K	I	P	H	F	M	U	P	S	R	I	R	P	H	E
A	V	B	M	R	I	H	K	P	Q	U	H	E	I	Z

HINWEIS: ES SIND 12 WÖRTER

SUPERTOLLE DRESSINGS
CAESAR DRESSING
Balsamico DRESSING
ITALIAN DRESSING
MANGO DRESSING
Tomaten DRESSING

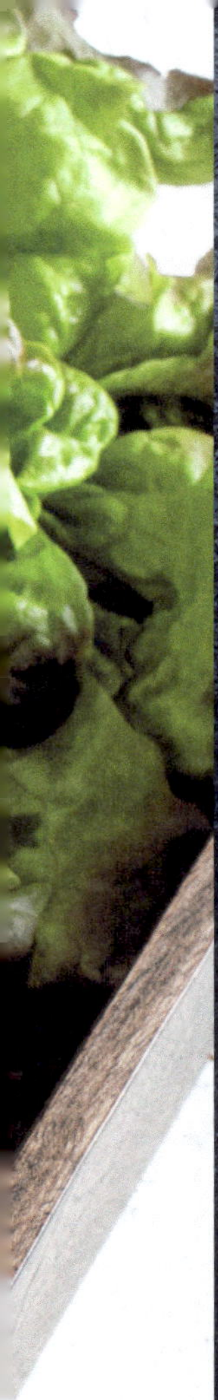

Ich liebe Salate!

Ein richtig leckerer Salat ist schon was Feines. Gerade im Sommer liebe ich Salat mit köstlichem Dressing. Das Gute daran: Man kann die Dressings alle vorbereiten, in ein Schraubglas füllen und ca. 4-5 Tage im Kühlschrank aufbewahren.

EIN KLEINER TIPP:

Blattsalate sollten nach dem Waschen immer in einer Salatschleuder getrocknet werden. Somit ist der Salat nicht „wässrig" und das Dressing kann besser aufgenommen werden.
Übrigens: Salat schleudern ist auch für die Kinder ein riesen Spaß! Also für meine zumindestens. Na ja, wenn sie ihn schon nicht essen, schleudern geht immer... Aber das kennt ihr ja bestimmt ;)

DOPPELT HÄLT BESSER

DAS TOMATEN DRESSING PASST AUCH GUT ZU TOMATENSALAT.

ZUBEREITUNGSZEIT: 5 MIN.

Alle Dressings lassen sich auch gleich in doppelter Menge herstellen!

BALSAMICO Dressing

125 ML

6-8	Basilikumblätter
50 g	Olivenöl
60 g	Balsamicoessig, dunkel
1 TL	Senf, mittelscharf
1 TL	Honig
20 g	Wasser
1 TL	Zitronensaft
1 TL	ital. Kräuter, getr.
1 gestr. TL	Salz
etwas	Pfeffer, frisch gem.

... alles 10 Sek./Stufe 8 mixen.

Gesamt: 522 kcal | 20 g KH | 2 g EW | 46 g Fett

CREAMY ITALIAN Dressing

150 ML

35 g	Parmesan, in Stücken

... 8 Sek./Stufe 10 reiben.

50 g	Olivenöl
20 g	Wasser
40 g	Weißweinessig
75 g	Salatmayonnaise
1 EL	Zitronensaft
15 g	Honig
1	Knoblauchzehe
etwas	Petersilie
einige	Basilikumblätter
½ TL	Oregano, getr.
½ TL	Thymian, getr.
1 gestr. TL	Salz
etwas	Pfeffer, frisch gem.

... zugeben und 10 Sek./Stufe 8 mixen.

Gesamt: 1.027 kcal | 27 g KH | 14 g EW | 95 g Fett

DAS CAESAR DRESSING FINDEST DU AUF DER NÄCHSTEN SEITE

MANGO Dressing

150 ml

1	Knoblauchzehe
einige	Blätter Thai-Basilikum
1 kl.	Handvoll Petersilie
½	rote Chilischote, entkernt

... alles 3 Sek./Stufe 8 zerkleinern.

100 g	Mango, frisch o. aus der Dose
1 EL	Zitronensaft
40 g	Öl
25 g	Weißweinessig
20 g	Wasser
5 g	Honig
1 TL	Salz
etwas	Pfeffer, frisch gem.

... zugeben und 10 Sek./Stufe 8 mixen.

Gesamt: 435 kcal | 19 g KH | 2 g EW | 37 g Fett

TOMATEN Dressing

250 ml

1	Knoblauchzehe
1	gr. Tomate, geviertelt

... 5 Sek./Stufe 5 zerkleinern.

80 g	Olivenöl
1	Zitrone, Saft davon
1 kl.	Handvoll Petersilie
½ TL	Paprikapulver, rosenscharf
1 TL	Salz
1 Prise	Pfeffer, gem.
1 TL	Thymian, getr.
1 TL	Zucker

... zugeben und 10 Sek./Stufe 8 mixen.

Gesamt: 749 kcal | 14 g KH | 3 g EW | 74 g Fett

DAS WAR: ☆☆☆☆☆

LECKERER CAESAR SALAD

CAESAR Dressing

230 ML

80 g **Parmesan, in Stücken**
... 10 Sek./Stufe 10 reiben.

2 **Knoblauchzehen**
2 **Eier, hart gekocht**
... zugeben und 5 Sek./Stufe 5 zerkleinern.

70 g **Olivenöl**
1 TL **Kapern**
1 TL **Senf, mittelscharf**
20 g **Wasser**
30 g **Apfelessig**
½ **Zitrone, Saft davon**
½ TL **Salz**
¼ TL **Pfeffer, gem.**
½ TL **Zucker**
etwas **Schnittlauch, in Röllchen geschnitten**
... zugeben und
10 Sek./Stufe 8 mixen.

Gesamt:
1.090 kcal | 8 g KH | 41 g EW | 98 g Fett

ZUBEREITUNGSZEIT: 15 MIN.

PORTIONEN 2

LECKERER CAESAR SALAD

ZUTATEN

3 Salatherzen
ca. 80 g Parmesan
1 EL Kapern
3 Scheiben Toastbrot
+ CAESAR-DRESSING S. LINKS

ZUBEREITUNG

Blattsalat waschen, trocken schleudern und etwas klein schneiden. Auf 2 Tellern anrichten. Parmesan mithilfe eines Schälers in Streifen hobeln. Zusammen mit den Kapern über dem Salat verteilen.

Toastbrot entrinden und in Würfel schneiden. In einer Pfanne mit Öl knusprig braten. Dressing über den Salat geben und mit Croûtons bestreuen. Fertig!

Tipp: Wer möchte, kann noch kross gebratenes Hähnchenfleisch darüber geben.

Pro Portion: 826 kcal | 24 g KH | 39 g EW | 26 g Fett

ALLGEMEINER TIPP Croûtons:

Als schnelle Variante für eine leckere Brotbeilage zum Salat kann man ganz einfach Tramezzinibrot (gibt es abgepackt in gut sortierten Supermärkten) kaufen. Die großen Scheiben in Olivenöl in der Pfanne von beiden Seiten knusprig anbraten. Danach mit Salz, Pfeffer und Knoblauchpulver würzen und nach Belieben entweder in Streifen, Würfel oder Dreiecke schneiden.

CAESAR-NUDELSALAT

Hierzu einfach gekochte Nudeln und Radieschenscheiben untermischen. Je nach Portionsgröße am besten gleich die doppelte Menge an Dressing herstellen.

DAS WAR:
BUNTER
Sommer-
SALAT
Tipp
Das Dressing kann auch ganz einfach verdoppelt oder verdreifacht werden!

ZUBEREITUNGSZEIT: 15 MIN.

ZUTATEN

1 Kopf Blattsalat
1 Bund Radieschen
½ Salatgurke
200-250 g Cocktailtomaten
50 g bunte Salatkörner
etwas Zitronenmelisse
1 EL schwarzer Sesam
1 EL weißer Sesam
1 Glas Kichererbsen alla Zingara, in Kräutermarinade (295 g)
2 Avocados
etwas Zitronensaft

ZUBEREITUNG

Blattsalat waschen, trocken schleudern und etwas klein schneiden. Radieschen und Gurke in Scheiben hobeln. Cocktailtomaten vierteln und alles zusammen mit den Salatkörnern in eine Schüssel geben. Zitronenmelisse in Streifen schneiden sowie Sesam zugeben. Kichererbsen absieben. Avocado in Spalten schneiden und mit Zitronensaft beträufeln. Alles zum Salat geben.

Schütteldressing zubereiten und mit dem Salat mischen. Fertig!

Pro Portion mit Dressing:
784 kcal | 50 g KH | 21 g EW | 57 g Fett

SCHÜTTEL Dressing

ZUTATEN

1 Handvoll Petersilie, gehackt
1 EL 8-Kräuter-Mischung, TK
60 g Olivenöl
40 g Balsamicoessig, dunkel
1 TL Senf, mittelscharf
40 g Ahornsirup
1 TL Salz
etwas Pfeffer, frisch gem.

ZUBEREITUNG

Alle Zutaten in ein Glas mit Schraubverschluss geben und kräftig schütteln, fertig!

Tipp: Das Dressing hält sich verschlossen im Kühlschrank 7-10 Tage.

ZUBEREITUNGSZEIT: 5 MIN.

SCHNELLER GURKENSALAT mit Dill

ZUTATEN

1	Salatgurke
100 g	Schmand
3 EL	Rotweinessig
2 EL	Öl
1 EL	Zitronensaft
etwas	Dill, gehackt
1 gestr.	TL Salz
¼ TL	Pfeffer, gem.

ZUBEREITUNG

Salatgurke in feine Scheiben hobeln und in eine Schüssel geben. Restliche Zutaten zugeben und gut vermengen.

VARIANTE:

Schmand kann auch durch saure Sahne oder Crème fraîche ersetzt werden.

TIPP

Die Gurke kann ganz nach Belieben mit oder ohne Schale in den Salat.

DAS WAR: ★★★★★

Pro Portion: 118 kcal | 3 g KH | 1 g EW | 11 g Fett

ZUBEREITUNGSZEIT: 5 MIN.

Griechischer SALAT

ZUTATEN

2 Fetakäse (à 180 g)
3-4 Tomaten
1 Salatgurke
1 rote Zwiebel
50 g Oliven
5-6 milde Peperoni (Glas)

FÜR DAS DRESSING

1 Knoblauchzehe
1 kl. Handvoll Petersilie
1 TL frische Thymianblätter
1 TL Oregano, getr.
40 g Olivenöl
20 g Rotweinessig
½ TL Salz
¼ TL Pfeffer, gem.

ZUBEREITUNG

Feta, Tomaten und Gurke in Würfel schneiden. Zwiebel in feine Ringe schneiden. Oliven ggf. halbieren und Peperoni klein schneiden.
Alles in eine Schüssel geben.

Knoblauch und Petersilie im Mixtopf **5 Sek./Stufe 5** hacken. Restliche Zutaten zugeben und **10 Sek./Stufe 3** mischen. Dressing über den Salat geben und gut vermengen.

DAS WAR:

★★★★★

Pro Portion: 410 kcal | 9 g KH | 16 g EW | 33 g Fett

ZUBEREITUNGSZEIT: 15 MIN.

PORTIONEN 4

Asiatischer PAPAYASALAT

ZUTATEN

1	gr. Papaya
1 Bund	Koriander
1	gr. Knoblauchzehe
1	rote Peperoni, entkernt
3-4 EL	Limettensaft
2 EL	Sojasauce
2 TL	Palmzucker
2-3	Frühlingszwiebeln
50 g	gesalzene, geröstete Erdnüsse
etwas	Salz & Pfeffer

ZUBEREITUNG

Papaya schälen, entkernen und in feine Streifen schneiden.
Koriander, Knoblauch und Peperoni in den Mixtopf geben und **5 Sek./Stufe 6** zerkleinern. Alles mit dem Spatel nach unten schieben. Limettensaft, Sojasauce und Palmzucker zugeben und **10 Sek./Stufe 2** verrühren.
Über die Papaya geben.

Frühlingszwiebeln in Ringe schneiden und unter den Salat mischen. Erdnusskerne in einer Pfanne ohne Fett anrösten und über den Salat geben. Alles mit Salz und Pfeffer noch einmal abschmecken.

DAS WAR: ★★★★★

Pro Portion: 116 kcal | 16 g KH | 5 g EW | 7 g Fett

Tipp
Wer den Salat schon etwas früher vorbereiten möchte, sollte das Dressing erst kurz vor dem Servieren zugeben, sonst wird der Salat schnell wässrig.

DAS WAR: ★★★★★

ZUBEREITUNGSZEIT: 15 MIN.

Radieschen-KÄSESALAT

ZUTATEN

1 Bund Radieschen
200 g Gouda, in Scheiben
½ Salatgurke
1 kl. Dose Mais (Abtr.gew. 140 g)
2 Frühlingszwiebeln
50 g Schmand
50 g Salatmayonnaise
1 EL Zitronensaft
1 Portion Senf, mittelscharf (haselnussgroß)
25 g Weißweinessig
1 Prise Zucker
½ TL Salz
1 Msp. Currypulver
etwas Pfeffer, frisch gem.

ZUBEREITUNG

Radieschen waschen und in feine Scheiben hobeln. Goudascheiben in Streifen schneiden. Gurke würfeln und Mais gut abtropfen lassen. Frühlingszwiebeln in Ringe schneiden und alles zusammen in eine Schüssel geben.

Restliche Zutaten im Thermomix **10 Sek./Stufe 5** mixen und über den Salat geben. Alles gut vermengen und sofort genießen.

Pro Portion: 324 kcal | 9 g KH | 14 g EW | 25 g Fett

ZUBEREITUNGSZEIT: 15 MIN.
+ ZIEHZEIT: 10 MIN.

Bunter COUSCOUS SALAT

ZUTATEN

525 g	Wasser, lauwarm
1 EL	Gemüsebrühpulver
250 g	Couscous
1 Dose	Gemüsemais (Abtr.gew. 140 g)
2-3	Frühlingszwiebeln
4-5 kl.	Tomaten
1	gelbe Paprika
1	orange Paprika
1 P.	Feta-Miniwürfel (135g)

DRESSING

1 Handvoll Petersilie	
60 g	Öl
60 g	Apfelessig
1	Zitrone, Saft davon
1 EL	Zucker
1 TL	Salz
½ TL	Pfeffer, gem.
1 TL	rote Thai-Currypaste
30 g	Sojasauce
20 g	Tomatenmark

ZUBEREITUNG

Wasser und Gemüsebrühpulver in den Mixtopf geben und **6 Min./100°C/Stufe 1** aufkochen. Couscous in eine große Schüssel geben und mit dem kochenden Wasser übergießen. 10 Min. ziehen lassen.

In der Zwischenzeit Mais absieben, Frühlingszwiebeln in Ringe schneiden und Tomaten sowie Paprika klein würfeln. Zusammen mit den Fetawürfelchen zum Couscous geben und vermengen.

Für das Dressing Petersilie im Mixtopf **8 Sek./Stufe 8** hacken. Restliche Dressingzutaten zugeben und **10 Sek./Stufe 3** mixen. Dressing über den Salat geben und gut vermengen.

Pro Portion: 452 kcal | 58 g KH | 11 g EW | 16 g Fett

TIPP

Hierzu passt gebratenes Hähnchen oder Lachs.

DAS WAR: ☆☆☆☆☆

ZUBEREITUNGSZEIT: 35 MIN.

SALAT NIÇOISE

ZUTATEN

500 g Wasser, lauwarm
400 g Kartoffeln, festk.
4 Eier
200 g Brechbohnen
1 rote Zwiebel
1 rote Spitzpaprika
200 g Cocktailtomaten
1 Glas weißer Thunfisch (Abtr.gew. 135 g)
1 Glas Artischockenherzen (Abtr.gew. 280 g)
1 kl. Glas Kalamata-Oliven, entsteint (Abtr.gew. 180 g)
1 Kopf grüner Salat (z.B. Eichblatt)

Zitronen-Dressing

1 TL Senf, mittelscharf
1 Zitrone, Saft davon (50 g)
½ TL Salz
½ TL brauner Zucker
1 Knoblauchzehe
75 g Olivenöl
30 g Wasser
30 g Weißweinessig

Wer möchte, kann noch einige Blätter Zitronenmelisse dazu geben. Alle Zutaten im Mixtopf **10 Sek./Stufe 8** mixen.

ZUBEREITUNG

Wasser in den Mixtopf füllen. Kartoffeln schälen, in mundgerechte Stücke schneiden und in den Gareinsatz geben. Gareinsatz einsetzen. Eier und Brechbohnen in den Varoma geben. Mixtopfdeckel auflegen, Varoma aufsetzen und das Ganze **25 Min./Varoma/Stufe 1** garen.

In der Zwischenzeit Zwiebel halbieren und in feine Ringe schneiden. Spitzpaprika in Streifen schneiden und Cocktailtomaten halbieren. Thunfisch, Artischockenherzen und Oliven abtropfen lassen. Nach Garzeitende Bohnen und Eier mit kaltem Wasser abschrecken. Eier schälen und vierteln. Salat waschen, trocken schleudern und etwas klein schneiden. Salat auf 4 Tellern anrichten und mit Zitronen-Dressing übergießen.

Pro Portion: 534 kcal | 29 g KH | 23 g EW | 34 g Fett

MIT THUNFISCH, EI UND KARTOFFELN

Info

Der Name Salade Niçoise bezeichnet einen Salat, der allgemein der provenzalischen Küche und der Region um Nizza zugerechnet wird.

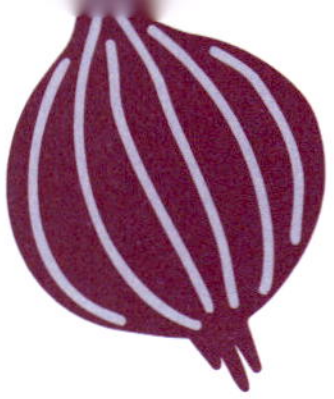

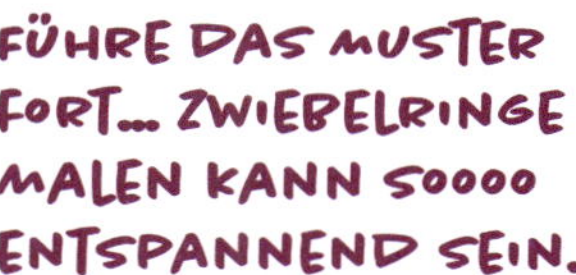

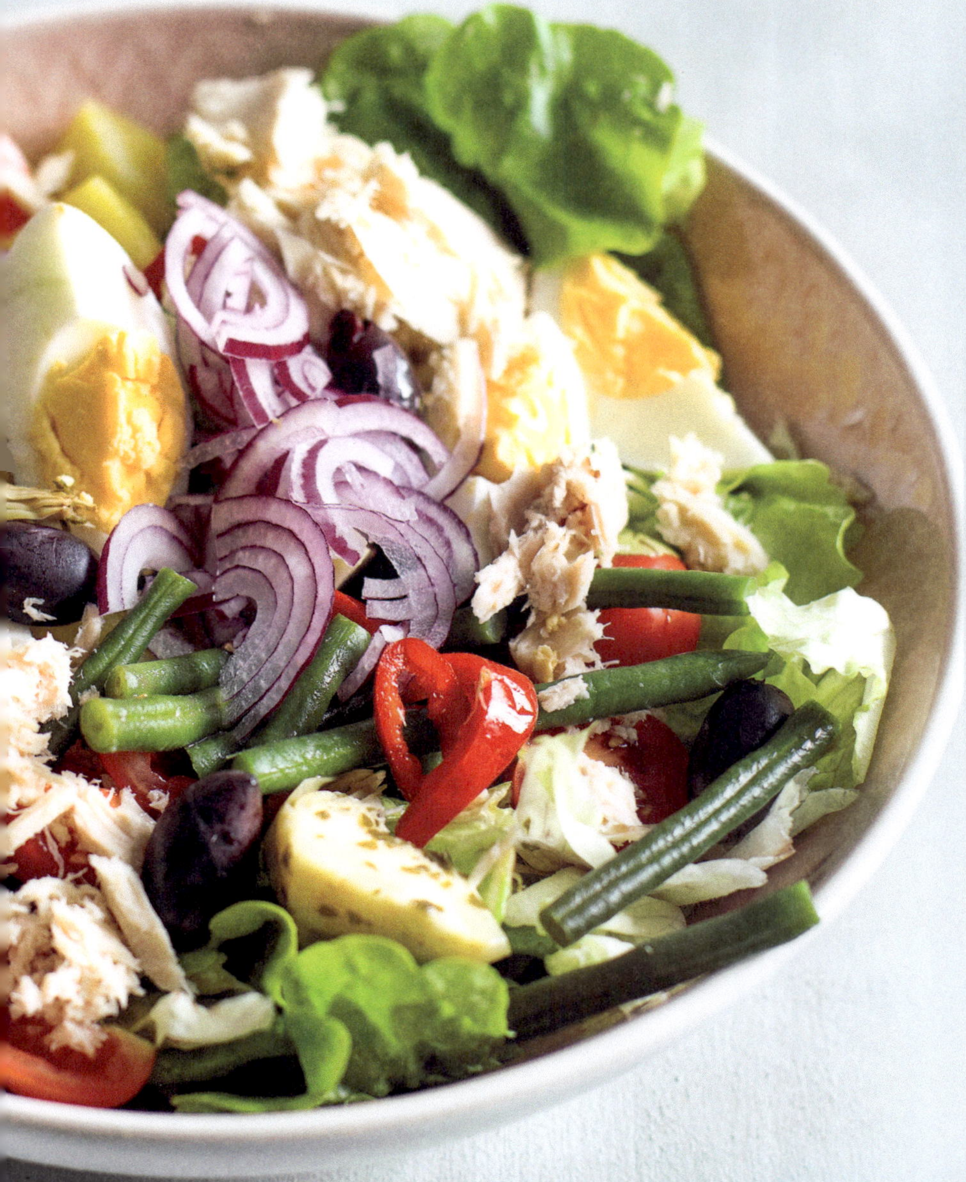

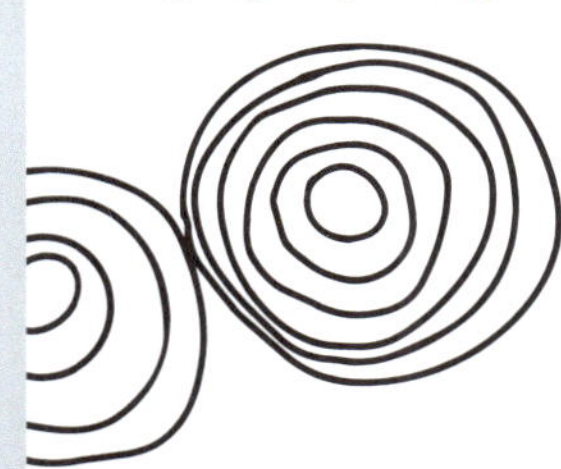

ZUBEREITUNGSZEIT: 10 MIN.

PORTIONEN 4

Italienischer ARTISCHOCKEN SALAT

ZUTATEN

100 g Rucola
250 g Cocktailtomaten
1 rote Zwiebel
2 Gläser Artischocken, gegrillt, in Öl eingelegt (Abtr.gew. à 280 g)

FÜR DAS DRESSING

3 EL Olivenöl
5 EL Weißweinessig
1 TL Knoblauch, granuliert
1 TL Salz
1 TL ital. Kräuter
½ TL Chiliflocken
½ TL Paprikapulver, rosenscharf
1 TL Petersilie, getr.

ZUBEREITUNG

Rucola auf eine Servierplatte geben. Cocktailtomaten vierteln und Zwiebel in dünne Streifen schneiden. Zusammen mit den abgetropften Artischocken auf der Salatplatte anrichten.

Für das Dressing alle Zutaten in einer kleinen Schüssel vermengen und über den Salat geben.

Pro Portion: 443 kcal | 6 g KH | 3 g EW | 44 g Fett

ZUBEREITUNGSZEIT: 15 MIN.
+ ZIEHZEIT: 1 STD.

Feta MELONEN SALAT

DAS WAR: ☆☆☆☆☆

ZUTATEN

½	Honigmelone
1	kl. grüne Paprika
1	kl. orange Paprika
3	Tomaten
200 g	Fetakäse
1	rote Zwiebel

FÜR DAS DRESSING

4 EL	Olivenöl
5 EL	Balsamicoessig, hell
etwas	Zucker
etwas	Salz & Pfeffer
1 EL	Zitronensaft
etwas	gehackte Petersilie

ZUBEREITUNG

Alle Zutaten klein würfeln und in eine Schüssel geben. Dressingzutaten verrühren und über den Salat geben.

Gut vermengen und ca. 1 Std. durchziehen lassen.

MEIN TIPP!
Ich verwende hierfür diesen Zerkleinerer.

Pro Portion: 311 kcal | 21 g KH | 11 g EW | 18 g Fett

ZUBEREITUNGSZEIT: 25 MIN.

Roter LINSENSALAT

Tipp
KANN PRIMA ÜBER NACHT IM KÜHLSCHRANK AUFBEWAHRT WERDEN.

Pro Portion: 368 kcal | 34 g KH | 23 g EW | 14 g Fett

ZUTATEN

500 g	Wasser, lauwarm
1 TL	Salz
200 g	rote Linsen
3	Frühlingszwiebeln
200 g	Cocktailtomaten
180 g	Schafskäse/Feta

FÜR DAS DRESSING

1	Knoblauchzehe
½	orange Paprika
1 EL	Olivenöl
30 g	Balsamicoessig, hell
30 g	Tomatenmark
20 g	Wasser
1 EL	Zitronensaft
½ TL	Salz
¼ TL	Pfeffer, gem.
1 TL	Paprikapulver, rosenscharf

ZUBEREITUNG

Wasser und Salz in den Mixtopf geben und **5-6 Min./100°C/Stufe 1** aufkochen. Linsen in den Mixtopf zugeben und **8-10 Min./100°C/Sanftrührstufe** kochen. In der Zwischenzeit Frühlingszwiebeln in Ringe schneiden und Cocktailtomaten vierteln. In eine Schüssel geben. Nach Garzeitende Linsen in ein Sieb geben und kalt abbrausen. Mixtopf spülen.

Knoblauch und Paprika im Mixtopf **3 Sek./Stufe 5** zerkleinern. Mit dem Spatel nach unten schieben. Öl zugeben und **2 Min./120°C/Stufe 1** dünsten. Restliche Zutaten für das Dressing zugeben und **6 Sek./Stufe 2.5** verrühren. Dressing, Linsen und zerbröselten Feta mit in die Schüssel geben und vermengen.

DAS WAR:

VARIANTE:

SCHNELLE WRAPS

ZUTATEN

6	Tortilla-Wraps mit Leinsamen
150 g	Crème légère
100 g	Blattsalat nach Wahl

ZUBEREITUNG

Als Wrap-Variante einfach etwas Blattsalat auf den Wrap geben, darauf den Linsensalat geben und etwas Crème légère darüber klecksen. Aufrollen und genießen! Mit der kompletten Salatmenge kann man 6 Wraps füllen.

Pro Wrap: 519 kcal | 62 g KH | 22 g EW | 18 g Fett

ZUBEREITUNGSZEIT: 15 MIN.

Rote Beete CARPACCIO

ZUTATEN

450 g rote Beete, vorgekocht
etwas Rucola
60 g Parmesanspäne

FÜR DAS DRESSING

50 g rote Beete, vorgekocht
180 g Joghurt, 3,8% Fett
1 EL Trüffelöl
4 EL Zitronen-Balsamicoessig*
1 EL Zitronensaft
etwas Salz & Pfeffer

ZUBEREITUNG

Rote Beete in feine Scheiben hobeln und auf Tellern oder einer Servierplatte fächern.

Für das Dressing alle Zutaten in den Mixtopf geben und **10 Sek./Stufe 7.5** mixen. Dressing über das Rote Beete Carpaccio träufeln. Mit Rucola und Parmesan bestreuen. Dazu passt am besten frisches Baguette.

**alternativ 4 EL weißen Balsamicoessig + 1 TL Crema di Balsamico Bianco*

Pro Portion: 271 kcal
12 g KH | 12 g EW | 18 g Fett

Tipp
Rezept für Knusperbaguettes siehe S. 90!

Portionen 4

Zubereitungszeit: 40 Min.

Zucchini Carpaccio

Zutaten

4	kl. Zucchini (2x grün, 2x gelb)
1 EL	Meersalz
1 EL	Zucker
3	Tomaten
4-5 EL	Pinienkerne
2	Frühlingszwiebeln
2 gr. Handvoll Rucola	

Für das Dressing

2 EL	Olivenöl
2 EL	Weißweinessig
1 EL	Zitronensaft
etwas	Pfeffer, gem.
2 TL	grünes Pesto

Zubereitung

Zucchini in feine Scheiben hobeln und mit Salz und Zucker gut mischen. Das Ganze 30 Min. ziehen lassen. In der Zwischenzeit Tomaten in kleine Würfel schneiden und Pinienkerne in einer Pfanne ohne Fett anrösten. Frühlingszwiebeln in Ringe schneiden.

Zucchinischeiben abtropfen lassen und auf eine Platte fächern. Mit Rucola, Tomatenwürfeln, Pinienkernen und Frühlingszwiebelringen bestreuen. Zutaten für das Dressing vermengen und über das Carpaccio träufeln.

Pro Portion: 228 kcal
13 g KH | 8 g EW | 15 g Fett

Das war: ☆☆☆☆☆

ZUBEREITUNGSZEIT: 15 MIN.

Cremiger MAISSALAT

Toller Partysalat!

ZUTATEN

200 g Fetakäse
2 Frühlingszwiebeln
2 Avocados
2 EL Limettensaft
2 Dosen Gemüsemais (Abtr.gew. 285 g)

FÜR DAS DRESSING

½ rote Peperoni, entkernt
1 Handvoll Petersilie
1 kl. rote Zwiebel
1 EL Öl
25 g Mayonnaise
1 EL Limettensaft
¼ TL Kurkuma, gem.
½ TL Paprikapulver, geräuchert
½ TL Salz
¼ TL Pfeffer, gem.
½ TL Knoblauch, granuliert

ZUBEREITUNG

Feta klein würfeln und Frühlingszwiebeln in Ringe schneiden. Avocados entkernen und klein würfeln, mit Limettensaft beträufeln. Zusammen mit abgetropftem Mais in eine Schüssel geben.

Peperoni, Petersilie und Zwiebel im Mixtopf **5 Sek./Stufe 5** zerkleinern. Restliche Zutaten zugeben und **10 Sek./Stufe 3** mixen. Dressing über den Salat geben und gut vermengen.

DAS WAR: ★★★★★

Pro Portion: 562 kcal | 20 g KH | 15 g EW | 45 g Fett

ZUBEREITUNGSZEIT: 5 MIN.

PORTIONEN 3

ICH BIN SO NACKT! BITTE MAL MICH AUS.

FIXER KAROTTEN SALAT

ZUTATEN

400 g Karotten
½ Apfel
30 g rote Zwiebel
1 TL Salz
20 g Öl
30 g Apfelessig

ZUBEREITUNG

Karotten und Apfel in grobe Stücke schneiden.

Zusammen mit den restlichen Zutaten in den Mixtopf geben und **4 Sek./Stufe 5** zerkleinern. In eine Schüssel umfüllen und fertig!

DAS WAR:

Pro Portion: 123 kcal | 10 g KH | 2 g EW | 7 g Fett

Party-Food & SNACKS

UND LECKERES ZUM GRILLEN

Auf den nächsten Seiten findet ihr jede Menge Partyfood, Snacks, Dips und alles, was das Grillmeisterherz begehrt!

KAPITEL 2

Partyfood & Snacks

Familien-Quizspiel

BEANTWORTE DIE FRAGEN

Würfel in die Hand und los geht's. Ziehe so viele Felder vor, wie du gewürfelt hast und beantworte die Frage, auf der du gelandet bist. Landest du auf einem Aktionsfeld, folge einfach den Anweisungen. Mit der ganzen Familie macht es am meisten Spaß!

start	Was gibt es bei dir zum Frühstück?	Was machst du am liebsten in deiner Freizeit?	Was ist dein Lieblingsfilm?	NOCH 1x WÜRFELN!
Was magst du besonders gern an Papa?	GEHE 2 FELDER VOR!	Nenne 3 Dinge, die dich glücklich machen.	Was ist dein Lieblings-gericht?	
Was ist dein Lieblingstier?	NOCH 1x WÜRFELN!	Wohin fährst du gerne mit deiner Familie in den Urlaub?		
Welche ist deine Lieblings-sendung?	Pizza oder Pasta?	Wer ist dein/e Lieblings-sänger/in?	GEHE 3 FELDER ZURÜCK!	Nenne 3 Länder, die du besuchen möchtest.
Nenne 2 Obst-sorten, die du gerne magst.	EINE RUNDE AUSSETZEN!	Frühaufsteher oder Langschläfer?	Was magst du besonders gern an Mama?	
NOCH 1x WÜRFELN!	Die Top 3 Gerichte der Familie!	Darin bin ich am besten ...	RÜCKE 2 FELDER VOR!	Welchen Beruf würdest du gerne ausüben?
Was hättest du gerne für ein Haustier?	Was bestellst du meistens im Restaurant zu trinken?	Was ist deine Lieblingsfarbe?	Ziel	

WER ALS ERSTES IM ZIEL IST, HAT GEWONNEN

Das Zielfeld muss dann mit der genauen Augenzahl erreicht werden.

Burger nach Belieben belegen!

WIR SIND BELIEBT BEI GROSS UND KLEIN!

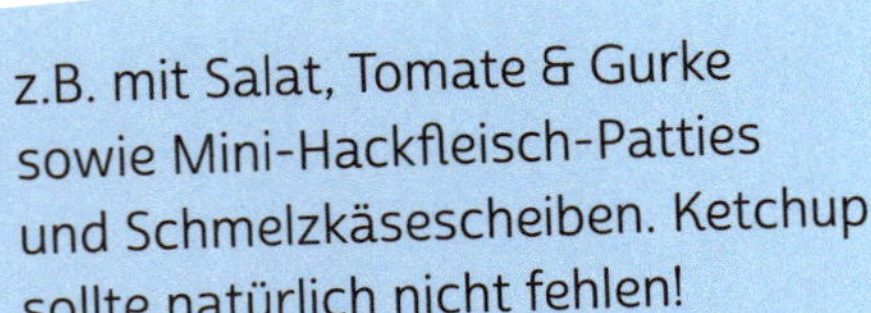

z.B. mit Salat, Tomate & Gurke sowie Mini-Hackfleisch-Patties und Schmelzkäsescheiben. Ketchup sollte natürlich nicht fehlen!

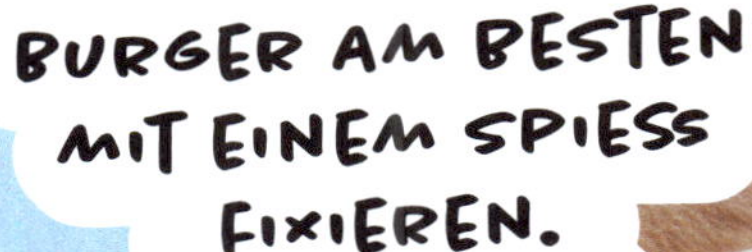

BURGER AM BESTEN MIT EINEM SPIESS FIXIEREN.

ZUBEREITUNGSZEIT: 10 MIN.
+ GEHZEIT/BACKZEIT: 65 MIN.

MINI-BURGER

IN DER MUFFINFORM GEBACKEN

ZUTATEN

130 g	Milch, 1,5%
12-14 g	frische Hefe
1 EL	Zucker
1 TL	Salz
25 g	flüssige Butter*
300 g	Mehl, Type 405
1	Ei

Zum Bestreichen & Bestreuen:
1 Eigelb + 1 EL geschmolzene Butter
etwas Sesam

Zubehör: Muffinblech

**Feste Butter z.B. in einer Tasse bei 600 Watt 1:30 Min. in der Mikrowelle schmelzen.*

ZUBEREITUNG

Milch, Hefe, Zucker, Salz und Butter in den Mixtopf geben und **2 Min./37 Grad/Stufe 1** erwärmen. Mehl und Ei zugeben und **2 Min./Teigstufe** kneten. Teig im Mixtopf ca. 30 Min. gehen lassen.

Teig aus dem Topf nehmen, in 12 Portionen teilen (à 40-42 g) und runde Bällchen daraus formen. Teigkugeln in die Mulden eines gefetteten Muffinblechs legen. Erneut abgedeckt ca. 20 Min. gehen lassen.

In der Zwischenzeit den Backofen auf 200°C Ober-/Unterhitze vorheizen. Die Teigkugeln etwas flach drücken (gehen beim Backen noch auf) und mit gut verrührter Eigelb-Butter-Mischung bestreichen. Mit Sesam bestreuen und im vorgeheizten Backofen ca. 12-15 Min. backen.

Pro Stück: 136 kcal | 20 g KH | 4 g EW | 4 g Fett

DAS WAR: ★★★★★

FÜR 6 PORTIONEN

FUSSBALLER NUDELSALAT

TIPP
Kann 1-2 Tage im Kühlschrank aufbewahrt werden.

ZUTATEN

250 g	Nudeln, z.B. Rädernudeln
250 g	Fleischwurst
80 g	Salami
2	Tomaten
1	kl. orange Paprika
1 kl. Dose Mais (140 g)	
6	Gewürzgurken

FÜR DAS DRESSING

1	Zwiebel
1 EL	Öl
125 g	Mayonnaise
50 g	Tomatenketchup
50 g	Milch, 1,5%
1 TL	Senf, mittelscharf
1 TL	Salz
½ TL	Zucker
etwas	Pfeffer, frisch gem.
1 TL	Paprikapulver, rosenscharf
1 EL	8-Kräuter-Mischung, TK

ZUBEREITUNG

Nudeln in reichlich Salzwasser kochen. Abschrecken und in eine Schüssel geben. Fleischwurst, Salami, Tomaten und Paprika in Würfel schneiden. Mais gut abtropfen lassen. Gewürzgurken klein schneiden und alles zu den Nudeln geben.

Zwiebel in den Mixtopf geben und **5 Sek./Stufe 5** zerkleinern. Mit dem Spatel nach unten schieben. Öl zugeben und **2 Min./Varoma/Stufe 1** dünsten. Restliche Zutaten für das Dressing zugeben und **10 Sek./Stufe 3** mixen. Über den Salat geben, gut vermengen und genießen!

VARIANTE:

Wer Kalorien sparen möchte, kann Salatmayonnaise verwenden. Der Fettgehalt ist geringer als bei herkömmlicher Mayonnaise.

DAS WAR: ★★★★★

ZUBEREITUNGSZEIT: 25 MIN.

Pro Portion: 542 kcal | 41 g KH | 12 g EW | 32 g Fett

VERSCHÖNERE DIE WAND MIT

Graffiti

KRASS

GUACAMOLE

ZUTATEN

2 kl. Knoblauchzehen
4-5 Zweige Koriander (Blätter davon)
2 Avocado
25 g Limettensaft
100 g Schmand
½ TL Salz
¼ TL Pfeffer, gem.
½ TL Paprikapulver, rosenscharf

ZUBEREITUNG

Knoblauch und Koriander im Mixtopf **5 Sek./Stufe 6** zerkleinern. Avocado-Fruchtfleisch sowie restliche Zutaten zugeben und **30 Sek./Stufe 3** cremig rühren.

Toll zum Dippen mit Nachos oder Chips zum Fussballabend!

DAS WAR:

★★★★★

ZUBEREITUNGSZEIT: 5 MIN.

Pro Portion (bei 8): 144 kcal | 2 g KH | 2 g EW | 15 g Fett

Curry-DATTELDIP

ZUTATEN

100 g	entkernte Datteln
1	Knoblauchzehe
200 g	Schmand
200 g	Doppelrahmfrischkäse
½ TL	Meersalz
2 Msp.	Kreuzkümmel, gem.
1 TL	Schwarzkümmelsamen
½ TL	Currypulver

TIPP
Kann 1-2 Tage im Kühlschrank aufbewahrt werden.

Datteln und Knoblauch **5 Sek./Stufe 6** zerkleinern. Restliche Zutaten zugeben und **15 Sek./Stufe 4** vermengen.

ZUBEREITUNGSZEIT: 5 MIN.

Pro Portion: 130 kcal | 8 g KH | 2 g EW | 10 g Fett

ZUBEREITUNGSZEIT: 10 MIN.

MILLION DOLLAR Dip

PORTIONEN 10

ZUTATEN

70 g	Bacon, in Scheiben
50 g	Mandelstifte
1	Frühlingszwiebel
1	Knoblauchzehe
70 g	geriebener Cheddar
80 g	Mayonnaise
200 g	saure Sahne
1 TL	Worcester Sauce
etwas	Zitronenschalenabrieb
etwas	Pfeffer, frisch gem.

ZUBEREITUNG

Mandeln in der Pfanne ohne Öl etwas anrösten. Auf einen Teller geben zum Abkühlen. Nun Bacon in der Pfanne (ohne Fett) knusprig braten. Frühlingszwiebel in Ringe schneiden.

Knoblauchzehe im Mixtopf **6 Sek./Stufe 6** zerkleinern. Gebratenen Bacon zugeben und **5 Sek./Stufe 5** hacken. Restliche Zutaten zugeben und **10 Sek./Stufe 2.5** vermengen.

Tipp

Für eine vegetarische Variante den Bacon einfach durch Paprika ersetzen.

Das Topping

Von Bacon, Frühlingszwiebel, Käse und Mandeln etwas beiseitenehmen und auf dem Dip zur Deko anrichten.

DAS WAR: ★★★★★

Pro Portion: 163 kcal | 1 g KH | 5 g EW | 15 g Fett

Tipp
Der Million Dollar-Dip (s. Seite 43) eignet sich auch prima zum Füllen von kleinen Snack-Paprikas.
DAS WAR:

ZUBEREITUNGSZEIT: 10 MIN.
+ GEHZEIT/BACKZEIT: 90 MIN.

Party BRÖTCHEN

FÜR DEN TEIG

240 g Wasser, lauwarm
½ Würfel frische Hefe
1 TL brauner Zucker
400 g Pizzamehl, Type 00
1 EL Meersalz
1 EL Olivenöl

FÜR DAS TOPPING

1 EL Butter, geschmolzen
2 EL Öl
2 TL schwarzer Sesam
2 TL weißer Sesam
2 TL ital. Kräuter, getr.
1 TL Salz
2 TL Röstzwiebeln
2 TL geriebener Parmesan

ZUBEREITUNG

Wasser und Hefe in den Mixtopf geben und **2 Min./37°C/Stufe 1** erwärmen. Restliche Teigzutaten zugeben und **2 Min./Teigstufe** kneten. Teig in eine Schüssel umfüllen und abgedeckt 1 Std. gehen lassen. Teig in 10-12 Portionen teilen und mit leicht bemehlten Händen zu Kugeln rollen. Mit einem fingerbreiten Abstand kreisförmig auf ein mit Backpapier belegtes Backblech setzen. Erneut abgedeckt 15 Min. gehen lassen. Backofen auf 200°C Umluft vorheizen.

Zutaten für das Topping verrühren und die Brötchen damit dick bestreichen. Im vorgeheizten Backofen ca. 15 Min. backen.

Pro Brötchen (12): 170 kcal | 25 g KH | 4 g EW | 6 g Fett

French Onion DIP

ZUBEREITUNGSZEIT: 25 MIN.
+ KÜHLZEIT

ZUTATEN

2 Knoblauchzehen
2 Zwiebeln, halbiert
25 g Butter
200 g saure Sahne
175 g Doppelrahmfrischkäse
1 TL Salz
1 TL Worcester Sauce
1 EL Schnittlauchröllchen
1 EL frischer Oregano, gehackt
¼ TL weißer Pfeffer, gem.

ZUBEREITUNG

Knoblauch und Zwiebeln im Mixtopf **5 Sek./Stufe 5** zerkleinern. Mit dem Spatel nach unten schieben. Butter zugeben und **5 Min./100°C/Stufe 1** dünsten. Mixtopfdeckel abnehmen und alles 15 Min. abkühlen lassen. Restliche Zutaten zugeben und **20 Sek./Stufe 3** mixen. Umfüllen und wenn möglich mehrere Std. im Kühlschrank durchziehen lassen.

Pro Portion: 95 kcal | 3 g KH | 2 g EW | 9 g Fett

FÜR 4 PORTIONEN

DIE MARINADE

- für ca. 800 g Lachsfilet -

60 g	Srirachasauce
60 g	Honig
2 EL	Öl
1	Limette, Saft davon
etwas	Salz & Pfeffer

Alle Zutaten in einer Schüssel gut vermengen und Lachsfilet mit der Marinade bestreichen. Restliche Marinade beiseitestellen. Lachs ca. 3-4 Std. im Kühlschrank marinieren, gerne auch über Nacht.

VOM GRILL ODER AUS DEM OFEN

SRIRACHA Lachs

ZUBEREITUNGSZEIT: 30 MIN. + MARINIERZEIT: 3-4 STD

ZUM BESTREUEN

FRÜHLINGSZWIEBELN

DAS WAR: ★★★★★

LIMETTEN

SESAM

KORIANDER

Damit der Lachs auch im Ofen schön knusprig wird, nach der Garzeit noch einmal kurz auf Grillfunktion stellen.

SO GEHT'S

Lachs entweder in einer Fischzange (s. Bild) je Seite 5-10 Min. grillen oder auf dem Backblech im vorgeheizten Backofen bei 200°C Umluft ca. 20-25 Min. garen. Restliche Marinade über den Fisch geben und mit Sesam, Frühlingszwiebelringen, gehacktem Koriander und einigen Limettenscheiben servieren.

LECKER DAZU:

LIMETTEN-KORIANDER Sauce

1	Knoblauchzehe
½ Bd.	Koriander
80 g	Salatmayonnaise
150 g	cremiger Naturjoghurt, 3,5%
einige Spritzer grüner Tabasco	
1	Limette, Saft davon
½ TL	Salz
¼ TL	weißer Pfeffer
1 Prise	Zucker

Knoblauch und Koriander im Mixtopf **6 Sek./Stufe 6** hacken. Restliche Zutaten zugeben und **20 Sek./Stufe 3** verrühren.

ZUBEREITUNGSZEIT: 5 MIN.

Pro Portion: 130 kcal | 5 g KH | 2 g EW | 12 g Fett

PORTIONEN 4

GEFÜLLTE PartyTOMATEN

ZUBEREITUNGSZEIT: 20 MIN.

Diese Tomaten sollten auf keiner Party fehlen! Egal ob zum Grillen oder für's kalte Buffet. Die kleinen gefüllten Leckerbissen sind schnell gemacht und ein echter Hingucker.

Tipp

Ich habe hier einen Kugelausstecher zum Aushöhlen verwendet. Funktioniert super!

ZUTATEN

20	Rispentomaten (700 g)
1	Frühlingszwiebel
1	Knoblauchzehe
1 EL	Olivenöl
250 g	Ricotta
125 g	Mozzarella
1 TL	Salz
¼ TL	Pfeffer, gem.
1 EL	8-Kräuter-Mischung, TK
½ TL	Zwiebeln, granuliert
etwas	frische Kräuter zum Garnieren

Zubehör: Spritzbeutel

Tipp: Die Tomatenkerne könnt ihr mit in einen Salat geben.

ZUBEREITUNG

Von den Tomaten einen „Deckel" abschneiden und aushöhlen. Frühlingszwiebelgrün in Ringe schneiden.

Knoblauch im Mixtopf **5 Sek./Stufe 6** hacken. Mit dem Spatel nach unten schieben. Öl zugeben und **1 Min./Varoma/Stufe 1** dünsten. Restliche Zutaten zugeben und **10 Sek./Stufe 5** mixen. Masse mithilfe eines Spritzbeutels in die Tomaten spritzen und mit Frühlingszwiebelringen und frischen Kräutern verzieren.

HINWEIS:

Die Creme darf ruhig etwas “salzig” sein, in Kombi mit den Tomaten ist es dann perfekt.

DAS WAR:

Pro Portion: 283 kcal | 10 g KH | 13 g EW | 15 g Fett

Tomaten FOCACCIA MIT KRÄUTERN

Pro Portion: 385 kcal | 74 g KH | 11 g EW | 4 g Fett

ZUBEREITUNGSZEIT: 15 MIN.
+ GEHZEIT/BACKZEIT: 80 MIN.

FÜR DEN TEIG

375 g	Wasser, lauwarm
20 g	frische Hefe
10 g	Salz
2 EL	Olivenöl
600 g	Weizenmehl, Type 405

FÜR DEN BELAG

10-12	kl. Tomaten
etwas	Olivenöl
etwas	Meersalz
etwas	mediterrane Kräuter, klein gehackt

ZUBEREITUNG

Wasser und Hefe in den Mixtopf geben und **2 Min./37°C/Stufe 1** erwärmen. Restliche Teigzutaten zugeben und **3 Min./Teigstufe** kneten. Teig in eine Schüssel umfüllen. Abgedeckt ca. 1 Std. gehen lassen.
In der Zwischenzeit Tomaten in Scheiben schneiden.

Nach der Gehzeit ein Backblech mit Backpapier belegen, mit etwas Olivenöl beträufeln und mit den Händen verreiben. Teig auf das Blech geben und mit den öligen Händen in Form ziehen und drücken. Backofen auf 200°C Ober-/Unterhitze vorheizen.

Nun die Tomatenscheiben auf dem Teig auslegen und das Ganze mit etwas Öl beträufeln, mit Salz und Kräutern würzen und für ca. 20-30 Min. backen.

DAS WAR: ☆☆☆☆☆

HIER KOMMEN GRILLBEILAGEN schnell & lecker

DIE NACHFOLGENDEN REZEPTE SIND SO SCHNELL GEMACHT, DASS WIR DEM THERMOMIX ETWAS URLAUB GÖNNEN!

TOMATEN SIND, WIE JEDER WEISS, DES DEUTSCHEN LIEBSTE ZWISCHENSPEIS.
OB GELB, OB GRÜN, OB ROT, OB BRAUN, GAR LIEBLICH SIND SIE ANZUSCHAUN.

MEDITERRANE
TOMATEN
AUS DEM OFEN

ZUCCHINI-FETA
SPIESSE
VOM GRILL

GRIECHISCHES
GEMÜSE
VOM GRILL

ROSMARIN
KARTOFFELN
AUS DEM OFEN

ZUBEREITUNGSZEIT: 40 MIN.

MEDITERRANE TOMATEN AUS DEM OFEN

ZUTATEN

4	gr. Tomaten
etwas	Salz & Pfeffer
3 EL	Olivenöl
1 TL	Thymian, getr.
1 TL	Oregano, getr.
etwas	geriebener Parmesan

ZUBEREITUNG

Backofen auf 200°C Umluft vorheizen. Tomaten waschen, trocknen und den Strunk herausschneiden. Tomaten halbieren, mit der Schnittfläche nach oben in eine Auflaufform setzen und mit Salz und Pfeffer würzen.

Olivenöl mit Thymian und Oregano in einer kleinen Tasse verrühren und auf die Tomaten geben. Mit geriebenem Parmesan bestreuen und im vorgeheizten Backofen ca. 30 Min. backen.

DAS WAR: ★★★★★

Pro Stück: 49 kcal | 2 g KH | 1 g EW | 4 g Fett

TIPP

Für Knoblauchtomaten einfach noch eine gehackte Knoblauchzehe mit dem Öl und den Kräutern vermengen.

ZUBEREITUNGSZEIT: 20 MIN.
+ ZIEHZEIT: 30 MIN.

STÜCK 10

FETA-ZUCCHINI SPIESSE VOM GRILL

ZUTATEN

200 g	Fetakäse
1 kl.	Zucchini
½ TL	Salz
½ TL	Zucker
1 Msp.	Pfeffer, gem.
10	Cocktailtomaten
2 EL	Zitronensaft
4 EL	Olivenöl
1 TL	Oregano, getr.
1 TL	Knoblauch, granuliert
etwas	Petersilie, gehackt

Zubehör: 10 Holzspieße

ZUBEREITUNG

Den Fetakäse in 20 Würfel schneiden. Zucchini waschen, trocknen und mit einem Sparschäler breite Streifen abziehen. Die Streifen mit Salz, Pfeffer und Zucker würzen und 30 Min. ziehen lassen. Durch Salz und Zucker werden die Zucchinistreifen weich.

Die Fetawürfel mit den Zucchinistreifen umwickeln und mit je einer Tomate auf Spieße stecken (s. Bild).

Restliche Zutaten in einer Tasse verrühren und die Spieße damit beträufeln. Spieße auf dem Grill mehrmals wenden, bis sich der Käse bräunlich färbt.

Pro Stück: 99 kcal | 2 g KH | 4 g EW | 8 g Fett

DAS WAR: ★★★★★

GRIECHISCHES GEMÜSE VOM GRILL

ZUTATEN

½	rote Zwiebel
100 g	Fetakäse
½	rote Paprika
¼	Zucchini
8-10	Oliven nach Wahl
etwas	Petersilie gehackt
1 TL	Rotweinessig
4 EL	Olivenöl
1 TL	Oregano, getr.
1 TL	Knoblauch, granuliert
½ TL	Paprikapulver, rosenscharf
½ TL	Pfeffer, gem.
½ TL	Salz

Zubehör: ein Stück Alufolie

ZUBEREITUNG

Zwiebel in Spalten schneiden. Feta, Paprika und Zucchini würfeln. Zusammen mit Oliven, Petersilie und den restlichen Zutaten in eine Schüssel geben und gut vermengen.

Ein Stück Alufolie doppelt nehmen und das Gemüse darauf geben. Alles gut einpacken und 10-15 Min. auf den Grill legen.

DAS WAR: ★★★★★

Pro Portion: 253 kcal | 6 g KH | 6 g EW | 23 g Fett

ZUBEREITUNGSZEIT: 25 MIN.

TIPP

Außerhalb der Grillsaison könnt ihr die Päckchen auch bei 180°C Umluft für ca. 20 Min. in den Ofen geben.

VARIANTE:

Der Fetakäse kann durch Mozzarella-Bällchen, die Oliven können durch halbierte Cocktailtomaten ersetzt werden. Fertig ist das italienische Gemüsepäckchen!

ROSMARIN-KARTOFFELN AUS DEM OFEN

ZUBEREITUNGSZEIT: 40 MIN.

DIE KARTOFFELN SIND SO LECKER, DIE GIBT ES BEI UNS AUCH AUSSERHALB DER GRILLSAISON ALS BEILAGE. AUCH DIE KIDS LIEBEN SIE!

ZUTATEN

1 kg	kleine Kartoffeln (Drillinge)
4 EL	Olivenöl
1 TL	Paprikapulver, rosenscharf
2 TL	Rosmarin, gehackt (altern. 1 TL Rosmarinpulver)
1 TL	Salz

ZUBEREITUNG

Backofen auf 200°C Umluft vorheizen. Kartoffeln waschen, trocknen und der Länge nach halbieren. In eine Schüssel geben. Olivenöl, Paprika, Rosmarin und Salz zugeben und alles mit den Händen gut vermengen.

Kartoffeln nun mit der Schnittfläche nach oben auf ein mit Backpapier belegtes Backblech setzen.

Im vorgeheizten Backofen ca. 30 Min. backen.

DAS WAR: ★★★★★

Pro Portion: 255 kcal | 38 g KH | 5 g EW | 10 g Fett

FÜR 6 PORTIONEN

Mozzarella-FLADENBROT

MIT KRÄUTERBUTTER

Einfach abzupfen
UND LAUWARM GENIESSEN!

ZUBEREITUNGSZEIT: 20 MIN.
+ GEHZEIT/BACKZEIT: 70 MIN.

ZUTATEN

200 g Wasser, lauwarm
200 g Milch, 1,5 %
20 g frische Hefe
10 g Salz
580 g Weizenmehl, Type 550
1 Knoblauchzehe
1 Handvoll Petersilie
50 g Butter
2 P. Mozzarellastreifen (z.B. Cheesestrings, s. Bild)
etwas Salz
etwas Oregano, getr.

ZUBEREITUNG

Wasser, Milch und Hefe in den Mixtopf geben und **3 Min./37°C/Stufe 1** erwärmen. Salz und Mehl zugeben und **5 Min./Teigstufe** kneten. Teig in eine Schüssel umfüllen und abgedeckt ca. 1 Std. gehen lassen.

In der Zwischenzeit Mixtopf spülen und Kräuterbutter herstellen: Knoblauch und Petersilie im Mixtopf **5 Sek./Stufe 6** hacken. Butter zugeben und **3 Min./120°C/Stufe 1** schmelzen. Backofen auf 240°C Umluft vorheizen.

Nach der Gehzeit den Teig vorsichtig auf eine bemehlte Arbeitsfläche geben und mit den Händen zu einem großen Fladen ziehen. Nicht ausrollen! Sonst entweicht die Luft aus dem Teig. Nun ein Muster (s. Bild) mit den Fingerkuppen eindrücken und das Brot mit Kräuterbutter bestreichen. Von den Cheesestrings kleine Streifen abziehen und in das „Gitter" legen. Zum Schluss mit etwas Salz und Oregano würzen und im vorgeheizten Backofen ca. 10 Min. backen.

Pro Portion: 500 kcal | 72 g KH | 18 g EW | 15 g Fett

Mozzarella-STICKS

SCHNELLER SNACK?

Die Cheesestrings einfach mit Ei und Paniermehl panieren und in einer Pfanne mit heißem Öl goldbraun backen. Ketchup dazu, fertig sind die Mozzarellasticks.

FÜR 12 STÜCKE

DAS WAR: ★★★★★

Lieblings-VARIANTEN:

....

....

....

....

....

....

FOCACCIA MIT PESTO

HIER HABE ICH DAS **Bärlauch Pesto** VON SEITE 132 VERWENDET

ZUTATEN

390 g Wasser, lauwarm
700 g Weizenmehl, Type 405
½ Würfel frische Hefe
15 g Olivenöl
1 TL Salz
1 TL Zucker

+ 1 KL. GLAS PESTO NACH WAHL
(oder Rezept siehe S. 132)

ZUBEREITUNGSZEIT: 10 MIN.
+ GEHZEIT/BACKZEIT: 65 MIN.

ZUBEREITUNG

Teigzutaten in den Mixtopf geben und **3 Min./Teigstufe** kneten. 15 Min. im Mixtopf gehen lassen.
Teig auf einem gefetteten Backblech ausrollen und mit den Fingerkuppen Löcher in den Teig eindrücken.

Pesto auf den Teig streichen und ca. 30 Min. gehen lassen. Nach der Gehzeit ca. 100 g heißes Wasser über die Focaccia gießen und sofort im vorgeheizten Backofen bei 200°C Ober-/Unterhitze ca. 20 Min. backen.

Pro Stück: 278 kcal | 43 g KH | 8 g EW | 8 g Fett

"Die beste" KNOBLAUCH SAUCE

ZUTATEN

6-7 Knoblauchzehen
20 g neutrales Speiseöl
140-150 g Naturjoghurt, 3,5%
100 g Crème fraîche
70 g Salatmayonnaise
½ TL brauner Zucker
1 gestr. TL Salz
1 Msp. weißer Pfeffer, gem.
1 Msp. schwarzer Pfeffer, gem.
1 Spritzer Zitronensaft
1 kl. Handvoll Petersilie

ZUBEREITUNG

Knoblauchzehen und Öl in den Mixtopf geben und **7 Min./Varoma/Sanftrührstufe** dünsten. Restliche Zutaten zugeben und **10 Sek./Stufe 8** pürieren. In ein Glas füllen und im Kühlschrank 1 Tag ziehen lassen, damit sie fester wird. Hält sich ca. 1 Woche im Kühlschrank.

Pro Portion: 94 kcal | 3 g KH | 2 g EW | 8 g Fett

CA. 15 STÜCK

PIZZASCHNECKEN

ALS VEGETARISCHE VARIANTE KANN SALAMI DURCH GEMÜSE ERSETZT WERDEN, Z.B. DURCH PAPRIKAWÜRFEL.

WER MÖCHTE, KANN NOCH ETWAS PARMESAN VOR DEM BACKEN DARÜBER REIBEN!

Pro Stück: 201 kcal | 21 g KH | 7 g EW | 9 g Fett

ZUBEREITUNGSZEIT: 10 MIN.
+ GEHZEIT/BACKZEIT: 45 MIN.

DAS WAR:

FÜR DEN TEIG

220 g Wasser, lauwarm
½ Würfel frische Hefe
400 g Pizzamehl, Type 00
1 EL Honig
2 TL Salz
1 TL Öl

FÜR DIE FÜLLUNG

1 Knoblauchzehe
20 g Butter
160 g Salami
100 g Gouda, in Stücken
1 EL Pizzagewürz
60 g Sahneschmelzkäse
40 g Tomatenmark
75 g Sahne
25 g Milch, 1,5%
etwas Salz & Pfeffer

TIPP:

Schmecken warm als Hauptspeise z.B. mit Salat oder kalt als Snack!

VARIANTE:

Die Schnecken schmecken auch mit Schinken super lecker!

ZUBEREITUNG

Zuerst den Pizzateig zubereiten. Wasser und Hefe im Mixtopf **5 Sek./Stufe 4** mixen. Restliche Zutaten hinzufügen und **2 Min./Teigstufe** kneten. Teig 30 Min. gehen lassen.

Für die Füllung Knoblauch in den Mixtopf geben und **5 Sek./Stufe 6** zerkleinern. Mit dem Spatel nach unten schieben. Butter zugeben und **2 Min./100°C/Stufe 1** dünsten. Restliche Zutaten für die Füllung zugeben und **5 Sek./Stufe 5** mixen. Backofen auf 200°C Umluft vorheizen.

Teig auf eine bemehlte Arbeitsfläche geben und zu einem Rechteck ausrollen. Füllung darauf verstreichen und von der langen Seite her aufrollen. In 14-16 Scheiben schneiden und mit der Schnittfläche auf ein mit Backpapier belegtes Backblech setzen. Im vorgeheizten Backofen 10-15 Min. backen.

TO GO
Auch prima geeignet für die Lunchbox!

FÜR 4 STÜCK
MIT EINEM GEMISCHTEN SALAT DAZU EIN TOLLES
Feierabend-
gericht!

ZUBEREITUNGSZEIT: 10 MIN.
+ BACKZEIT: 10 MIN.

DAS WAR:

Flammkuchen-BAGUETTES

ZUTATEN

100 g Bergkäse
2 kl. rote Zwiebeln (150 g)
30 g Butter
200 g saure Sahne
2 Prisen Salz
¼ TL Pfeffer, gem.
2 Msp. Muskat, gem.
¼ TL Paprikapulver, edelsüß
50 g Katenschinken, gewürfelt
1 großes Stangenbaguette

ZUBEREITUNG

Backofen auf 220°C Umluft vorheizen.

Käse in Stücken in den Mixtopf geben und **7 Sek./Stufe 7** reiben. Umfüllen.

Zwiebeln halbiert in den Mixtopf geben und **4 Sek./Stufe 5** zerkleinern. Mit dem Spatel nach unten schieben. Butter zugeben und **3 Min./100°C/Stufe 1** dünsten. Saure Sahne und Gewürze zugeben und **5 Sek./Stufe 3** mischen.

Baguette einmal durchschneiden und längs halbieren, sodass 4 Teile entstehen. Masse aus dem Mixtopf dick auf die Baguettes streichen und mit Schinkenwürfeln sowie geriebenem Käse bestreuen.
Im vorgeheizten Backofen ca. 10 Min. backen.

VARIANTE:

Den Belag könnt ihr auch auf eine Rolle Blätterteig geben und ebenso im Ofen backen. Vegetarier verwenden statt Schinken ½ rote Paprika. Diese einfach ganz klein würfeln.

Pro Stück: 294 kcal | 18 g KH | 15 g EW | 18 g Fett

FÜR 6 PORTIONEN
WER MÖCHTE, KANN NOCH ETWAS SCHNITTLAUCH DARÜBER STREUEN.
SUPER EASY
WER ES GANZ EILIG HAT, KANN AUCH EINE ROLLE FERTIGEN PIZZATEIG VERWENDEN.

ZUBEREITUNGSZEIT: 5 MIN.
+ GEHZEIT/BACKZEIT: 30 MIN.

DAS WAR:
☆☆☆☆☆

Roter ZWIEBELKUCHEN

FÜR DEN TEIG

135 g	Wasser, lauwarm
15 g	frische Hefe
300 g	Weizenmehl, Type 405
35 g	Olivenöl
½ TL	Salz

FÜR DEN BELAG

200 g	milder Bergkäse (altern. Gouda, mittelalt)
3-4	rote Zwiebeln, halbiert (250 g)
50 g	Butter
1 TL	Gemüsebrühpulver
½ TL	Salz
¼ TL	Pfeffer, gem.
¼ TL	Muskat, gem.
200 g	saure Sahne
1	Eigelb

ZUBEREITUNG

Alle Zutaten für den Teig in den Mixtopf geben und **1 Min./Teigstufe** kneten. Teig in eine Schüssel umfüllen und abgedeckt 15 Min. ruhen lassen.

Käse in Stücken in den Mixtopf geben und **10 Sek./Stufe 5** reiben. Umfüllen.

Zwiebeln in den Mixtopf geben und **5 Sek./Stufe 5** zerkleinern. Butter zugeben und **3 Min./100°C/Sanftrührstufe** dünsten. Restliche Zutaten für den Belag zugeben und **8 Sek./Stufe 3** vermengen. Teig auf einer bemehlten Arbeitsfläche ausrollen und auf ein mit Backpapier belegtes Backblech ziehen. Mit der Masse bestreichen, mit geriebenem Käse bestreuen und im vorgeheizten Backofen bei 200°C Umluft ca. 15 Min. backen.

Pro Portion: 457 kcal | 40 g KH | 19 g EW | 24 g Fett

Griechische VORSPEISEN PLATTE

Zaziki
s. Seite 69

Kalamata OLIVEN

LECKERES Pita Brot
s. Seite 68

Weisse Riesenbohnen IN TOMATENSAUCE

EINE TOLLE IDEE FÜR GÄSTE!

Gerade wenn Freunde oder die Familie zu Besuch kommt, möchte man etwas Leckeres auf den Tisch zaubern, ohne viel Aufwand. Wie wär´s mal mit einer tollen griechischen Vorspeisenplatte?

Hierfür eignen sich: gebratene Zucchini und Aubergine, frische Gurkenscheiben, Tomaten, Oliven, gefüllte Weinblätter, Bohnen, Fetakäse, Peperoni, gegrillte Paprika aus dem Glas und natürlich Taramosalata, Zaziki und Pita Brot.

Taramosalata

Gefüllte Weinblätter

Oliven mit Füllung

Portionen 10

Taramo SALATA

ZUTATEN

100 g geräucherte Lachsforelle
50 g Forellenkaviar
1 Scheibe Toast, ohne Rinde
50 g griech. Joghurt, 10%
40 g Mayonnaise
1 TL Zitronensaft
1 Prise Salz
etwas Pfeffer, frisch gem.

ZUBEREITUNG

Alle Zutaten in den Mixtopf geben und **10 Sek./Stufe 5** mixen. Mit dem Spatel nach unten schieben, noch einmal **10 Sek./Stufe 5** mixen. Wieder alles nach unten schieben und **20 Sek./Stufe 3.5** cremig rühren. Fertig!

Kann bereits am Vortag zubereitet und im Kühlschrank aufbewahrt werden.

ZUBEREITUNGSZEIT: 5 MIN.

Pro Portion: 65 kcal | 2 g KH | 4 g EW | 5 g Fett

DAS WAR: ★★★★★

Pita BROT

FÜR DEN TEIG

½ Würfel frische Hefe
1 TL Zucker
130 g Milch, 1,5 %
130 g Wasser, lauwarm
20 g Olivenöl
500 g Weizenmehl, Type 405
1 TL Salz

FÜR DAS TOPPING

etwas Olivenöl, Salz & getr. Oregano

ZUBEREITUNG

Hefe, Zucker, Milch und Wasser im Mixtopf **3 Min./37°C/Stufe 2** erwärmen. Restliche Teigzutaten zugeben und **5 Min./Teigstufe** kneten. Teig umfüllen und abgedeckt 1 Std. gehen lassen.

Backofen auf 230°C Ober-/Unterhitze vorheizen. Teig in 12 gleich große Stücke teilen. Diese jeweils zu einer Kugel formen und fingerdick rund ausrollen.

Je 4-6 Teiglinge auf ein mit Backpapier ausgelegtes Backblech legen und mit einer Gabel mehrmals einstechen (um zu verhindern, dass sie sich beim Backen zu sehr aufblähen). Nacheinander ca. 6-8 Min. backen. Fladen übereinander stapeln, in ein sauberes Geschirrtuch einwickeln und vollständig auskühlen lassen.

Kurz vor dem Servieren Fladen von beiden Seiten mit Olivenöl bepinseln und mit etwas Salz und Oregano bestreuen. In einer Pfanne von beiden Seiten goldgelb ausbacken.

ZUBEREITUNGSZEIT: 20 MIN.
+ GEHZEIT/BACKZEIT: 60 MIN.

Pro Stück: 174 kcal | 31 g KH | 5 g EW | 3 g Fett

DAS WAR: ☆☆☆☆☆

WER MÖCHTE, KANN DAS PITA BROT AUCH IN EINEM KONTAKTGRILL ODER AUF DEM GRILL BACKEN!

ZAZIKI

ZUTATEN

1	Knoblauchzehe
80 g	Salatgurke, in Stücken
100 g	griech. Joghurt, 10%
100 g	Doppelrahmfrischkäse
100 g	Quark, 20 %
etwas	Salz & Pfeffer
1 TL	Olivenöl

1 Spritzer Zitronensaft

ZUBEREITUNG

Knoblauch im Mixtopf **6 Sek./Stufe 6** mixen. Gurke zugeben und **10 Sek./Stufe 4** zerkleinern. Restliche Zutaten zugeben und **10 Sek./Stufe 3** vermengen.

In eine kleine Schüssel füllen und mit etwas Paprikapulver bestäuben. Zur Verzierung eignen sich 2 Gurkenscheiben oder Oliven.

καλή όρεξη
kalí órexi
= GUTEN APPETIT!

ZUBEREITUNGSZEIT: 5 MIN.

DAS WAR: ★★★★★

Pro Portion: 53 kcal | 1 g KH | 2 g EW | 4 g Fett

FÜR 6 PORTIONEN
Greek
LAYERED
DIP
HUMMUS
FRISCHKÄSECREME

ZUBEREITUNGSZEIT: 20 MIN.

Dip Dip Hurra!

PERFEKT ZUM MÄDELS- ODER JUNGS-ABEND, ZUM SNACKEN ODER EINFACH SO!

Dieser tolle Dip wird geschichtet und man kann ihn mit Baguettebrot, Kräckern, Chips oder Nachos genießen.

Die erste Schicht besteht aus einer Frischkäsecreme, darüber kommt eine Schicht Hummus, dann klein gewürfelte Tomaten, Gurken, Oliven, Fetakäse und Frühlingszwiebel.

Außer den Zutaten auf der rechten Seite braucht ihr zudem noch:

FÜR DAS TOPPING:

1	Tomate
¼	Salatgurke
1	Frühlingszwiebel
8-10	Kalamata-Oliven
100 g	Fetakäse

Die Tomaten und die Gurke in kleine Würfel schneiden, dabei die Kerne der Gurke entfernen, sollten diese recht wässrig sein. Frühlingszwiebel in feine Ringe schneiden. Oliven ebenso klein schneiden und Feta mit den Händen zerbröseln. Dann wird alles der Reihe nach auf eine Platte geschichtet. Diese kann einige Std. im Kühlschrank aufbewahrt werden.

DAS WAR:

Pro Portion: 347 kcal | 13 g KH | 12 g EW | 27 g Fett

SCHICHT: Frischkäsecreme

1	Knoblauchzehe
1 Hdv.	Petersilie
200 g	Doppelrahmfrischkäse
170 g	griechischer Joghurt
1 TL	Zitronensaft
½ TL	Salz
2 Msp.	Pfeffer, gem.

ZUBEREITUNG

Knoblauchzehe in den Mixtopf geben und **5 Sek./Stufe 6** hacken. Mit dem Spatel nach unten schieben. Restliche Zutaten zugeben und **20 Sek./Stufe 3** cremig rühren. Auf eine Platte streichen. Mixtopf spülen.

SCHICHT: Hummus

1	Knoblauchzehe
1 Dose	Kichererbsen (Abtr.gew. 265 g)
60 g	Tahini (Sesampaste)
60 g	Abtropfwasser der Kichererbsen
2 EL	Olivenöl
3 EL	Zitronensaft
½ TL	Salz
2 Msp.	Kreuzkümmel, gem.
2 Msp.	Pfeffer, gem.
½ TL	Zwiebeln, granuliert

ZUBEREITUNG

Alle Zutaten in den Mixtopf geben und den Gareinsatz einsetzen. Nun erst **10 Sek./Stufe 4** zerkleinern, dann **30 Sek./Stufe 7** fein pürieren. Der Gareinsatz bleibt im Topf, dadurch wird das Hochspritzen beim Pürieren verhindert.

KEEP CALM AND eat kebab!

Wie Du vielleicht schon mitbekommen hast, lieben meine Kinder Döner und könnten fast täglich einen essen. Deshalb sollten in diesem Buch Rezepte rund um ihr Lieblingsessen nicht fehlen.

Viel Spaß beim Ausprobieren!

KREIERE DEINEN Döner!

Meine Bestellung:

....

....

....

....

....

KAPITEL 3

Döner Spezial

Los geht's

AUF DEN NÄCHSTEN SEITEN FINDEST DU TOLLE REZEPTE FÜR DÖNERBROT, DÖNERSAUCE, DÖNERGEWÜRZ USW.

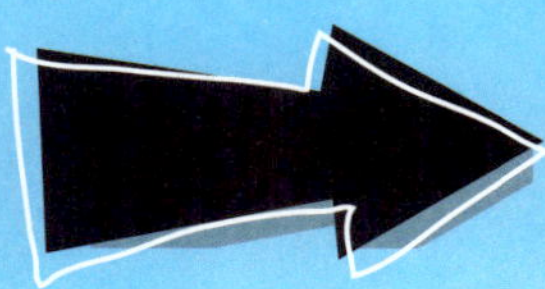

FÜR 8 STÜCK

ZUBEREITUNGSZEIT: 15 MIN.
+ GEHZEIT / BACKZEIT: 75 MIN.

1. DÖNER-BROT

Die Grundlage für einen leckeren Döner Kebab ist natürlich das richtige Brot!

ZUTATEN

175 g	Milch, 1,5%
175 g	Wasser, lauwarm
½ Würfel frische Hefe	
1 EL	Zucker
660 g	Weizenmehl, Type 405
25 g	weiche Butter
25 g	Öl
1 EL	Salz
1	Eiweiß

Zum Bestreichen:
1 Eigelb mit 1 EL Milch vermengt
etwas Sesam zum Bestreuen

ZUBEREITUNG

Milch, Wasser, Hefe und Zucker in den Mixtopf geben und **2 Min./37°C/Stufe 1** erwärmen. Restliche Zutaten zugeben und **2 Min./Teigstufe** kneten. Teig umfüllen und abgedeckt an einem warmen Ort ca. 1 Std. gehen lassen.

Teig in 8 Portionen teilen. Jede Teigportion zu einem Fladen ausrollen. Achtung! Nur leicht ausrollen. Die Fladen sollten ca. fingerdick sein. Auf 2 mit Backpapier belegte Bleche legen und mit Eigelb-Milch-Mischung bestreichen. Etwas Sesam darüber streuen und im vorgeheizten Backofen bei 200°C Umluft ca. 12-15 Min. backen. Nach 5 Min. die Temperatur auf 180°C zurückregeln.

Aufschneiden und nach Belieben belegen!

DAS WAR: ☆☆☆☆☆

Pro Stück: 373 kcal | 63 g KH | 11 g EW | 8 g Fett

FÜR 800 G BIS 1 KG FLEISCH

Marinade für 2. Döner-Fleisch

ZUBEREITUNGSZEIT: 15 MIN.
MARINIERZEIT: MEHRERE STD.

Es eignet sich Hähnchen, Pute oder Kalb. Das Fleisch kann bereits als Geschnetzeltes gekauft werden oder man schneidet es selbst in feine Streifen.

ZUTATEN

2	Zwiebeln, halbiert
2	Knoblauchzehen
500 g	Milch, 1,5%
1 EL	Tomatenmark
1 EL	Oregano, getr.
1 EL	Thymian, getr.
1 TL	Kreuzkümmel, gem.
1 EL	Paprikapulver, rosenscharf

ZUBEREITUNG

Zwiebel, Knoblauch und Milch in den Mixtopf geben und **10 Sek./Stufe 8** pürieren. Restliche Zutaten zugeben und **20 Sek./Stufe 5** mixen.

Fleisch in eine Schüssel geben und mit Marinade übergießen. Im Kühlschrank mehrere Std. (besser über Nacht) durchziehen lassen.

Das Fleisch abtropfen lassen und mit reichlich Öl in einer Pfanne anbraten. Mit Salz und Pfeffer würzen. Fertig!

DAS WAR:

Pro Portion (8/ 1kg Hühnchen):
169 kcal | 6 g KH | 31 g EW | 3 g Fett

WAS KOMMT

DAS WAR: ★★★★★

WORAUS BESTEHT DER DÖNER?

Natürlich ist die Grundlage erstmal leckeres Brot und würziges Fleisch.

Der Döner wird bei uns gefüllt mit Salat, geschnittenen Tomaten, Gurken und Zwiebeln, Weiß- und Rotkohl. Und ganz wichtig - eine leckere Sauce. Passende Saucenrezepte findest du auf Seite 78/79.

FÜR DEN EXTRAKICK SORGT DAS SELBSTGEMACHTE DÖNERGEWÜRZ! REZEPT S. SEITE 78

PLATZ FÜR NOTIZEN

ZUBEREITUNGSZEIT: 20 MIN.
+ GEHZEIT: 60 MIN.

MEIN FAVORIT!

Döner-Variante DÜRÜM

= GEROLLTER DÖNER

Ich persönlich bevorzuge diese Variante! Und die Herstellung ist auch sehr einfach. Der Teig wird wie auf Seite 74 beschrieben im Thermomix zubereitet und muss ca. 1 Stunde gehen. Danach in Portionen zu je 80-100 g pro Fladen teilen.

Den Teig mit etwas Mehl 3-5 mm dünn ausrollen und in eine heiße Pfanne (ohne Fett) geben. Sobald sich Blasen bilden, kann der Teig gewendet werden. Von der anderen Seite noch kurz braten und schon ist der Fladen für das Dürüm fertig!

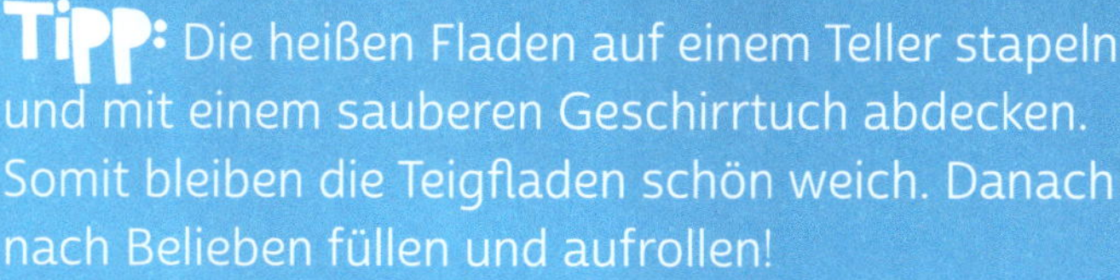

Tipp: Die heißen Fladen auf einem Teller stapeln und mit einem sauberen Geschirrtuch abdecken. Somit bleiben die Teigfladen schön weich. Danach nach Belieben füllen und aufrollen!

ZUBEREITUNGSZEIT: 5 MIN.

PORTIONEN 8

Rote DÖNERSAUCE

CA. 300 G

ZUTATEN

2	Knoblauchzehen
100 g	griech. Joghurt, 10% Fett
60 g	Mayonnaise
80 g	Tomatenketchup
1 TL	Currypulver
1 EL	Balsamicoessig, hell
2 EL	Sonnenblumenöl
1 TL	Paprikapulver, edelsüß
1 TL	Pul Biber*
1 Prise	Salz

Pro Portion: 106 kcal | 4 g KH | 1 g EW | 10 g Fett

ZUBEREITUNG

Knoblauch in den Mixtopf geben, **5 Sek./Stufe 5** zerkleinern und mit dem Spatel nach unten schieben.

Restliche Zutaten zugeben und **10 Sek./Stufe 3** verrühren.

**Pul Biber gibt es im gut sortierten Supermarkt oder im türkischen Supermarkt.*

Döner-GEWÜRZ

DÖNERGEWÜRZ - KOMMT AUF DEN FERTIGEN DÖNER

ZUTATEN

1 TL	Salz
1 TL	Pfeffer, gem.
½ TL	Pul Biber*
1 TL	Paprikapulver, rosenscharf
1 TL	Oregano, gerebelt
1 TL	Zwiebeln, granuliert
½ TL	Knoblauch, granuliert
1 TL	Rosmarin, gehackt

ZUBEREITUNG

Einfach alles vermengen und in einem kleinen Schraubglas aufbewahren.

DAS WAR: ☆☆☆☆☆

ZUBEREITUNGSZEIT: 5 MIN.

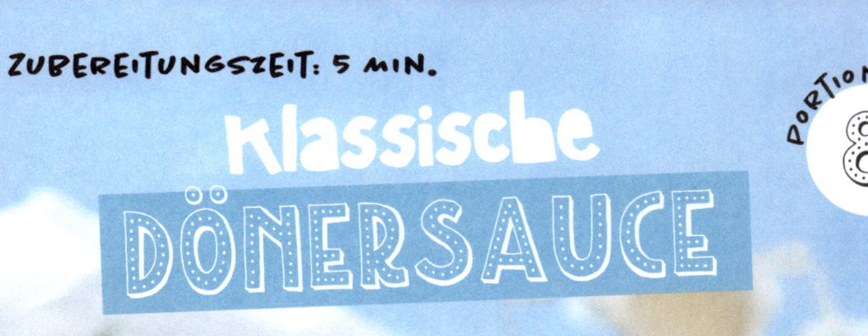

Klassische DÖNERSAUCE

PORTIONEN 8

ZUTATEN

1 Handvoll Dill, entstielt
2 Knoblauchzehen
200 g Crème fraîche
150-170 g griech. Joghurt, 10% Fett
75 g Ayran
2 Spritzer Zitronensaft
½ TL Zucker
1 gestr. TL Salz
2 Msp. Pfeffer, gem.
2 Msp. Paprikapulver, edelsüß

ZUBEREITUNG

Dill und Knoblauch im Mixtopf **5 Sek./Stufe 6** hacken. Alles mit dem Spatel nach unten schieben. Restliche Zutaten zugeben und **10 Sek./Stufe 4** mixen.

Hält sich im Kühlschrank bis zu 1 Woche.

Pro Portion: 83 kcal | 2 g KH | 1 g EW | 8 g Fett

DAS WAR: ★★★★★

selbstgemacht SCHMECKT'S DOCH AM BESTEN!

DAS WAR:

vegetarisches DÖNERSANDWICH

Und so gehts:

Hierfür eignet sich entweder das Dönerbrot von S. 74 oder man kauft fertiges Fladenbrot. Für das vegetarische Dönersandwich werden folgende Zutaten benötigt:

- Brot
- türkische Paprikapaste (Seite 81)
- Tomaten
- Gurken
- Zwiebelringe
- gebratene Aubergine
- gebratene Zucchini
- Fetakäse o. Weißkäse
- Dönersauce nach Wahl

Das Brot wird mit der Paprikapaste bestrichen und dann gefüllt.

ZUBEREITUNGSZEIT: 5 MIN.

TÜRKISCHE Paprikapaste

ZUTATEN

1	Knoblauchzehe
¼ Bund	glatte Petersilie
90 g	Paprika-Filets, gegrillt, abgetropft (aus dem Glas)
15 g	Paprikamark
20 g	Tomatenmark
1 Prise	Pul Biber (Blattpaprika)
130 g	Weißkäse in Salzlake* (55-60% Fett)
10 g	Olivenöl
1 TL	Paprikapulver, edelsüß

***WEISSKÄSE IN SALZLAKE** gibt es im Supermarkt o. Discounter. Bitte darauf achten, dass der Fettanteil mindestens 50 % beträgt. Die Käsestücke lassen sich auch gut einfrieren.

ZUBEREITUNG

Knoblauch und Petersilie in den Mixtopf geben und **5 Sek./Stufe 5** zerkleinern.

Paprika-Filets in Stücken zugeben und **3 Sek./Stufe 5** zerkleinern. Mit dem Spatel nach unten schieben.

Restliche Zutaten zugeben und **10 Sek./Stufe 4** vermengen. Mit dem Spatel nach unten schieben und weitere **10 Sek./Stufe 3** verrühren.

Pro Portion(4): 147 kcal | 4 g KH | 6 g EW | 12 g Fett

GANZ GROSSE SANDWICH Liebe!

Die Kinder lieben einfach die Sandwiches der bekannten Fast-Food-Kette. Deshalb dürfen hier Rezepte zum Selbermachen auf gar keinen Fall fehlen! Probiert unbedingt das Cheese-Oregano-Bread aus, ein Favorit der ganzen Familie.

KAPITEL 3

Sandwiches

Sandwich des Tages

....

....

....

....

....

Los geht's

FÜR 4 STÜCK

DAS WAR: ★★★★★

Cheese-Oregano-BREAD

Tipp
DIE BROTE LASSEN SICH AUCH GUT AUF VORRAT EINFRIEREN.

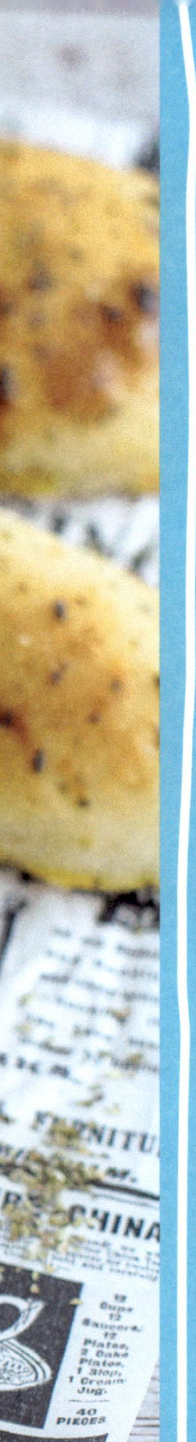

ZUBEREITUNGSZEIT: 15 MIN.
+ GEHZEIT / BACKZEIT: 90 MIN.

FÜR DEN TEIG

280 g	Wasser, lauwarm
1 EL	Zucker
20 g	frische Hefe
1 TL	Salz
50 g	Butter
480 g	Weizenmehl, Type 550

Außerdem: 2-3 EL Butter

FÜR DAS TOPPING

1	Eigelb
1 EL	Oregano, getr.
3 EL	Milch, 1,5%
2 EL	geriebener Parmesan

ZUBEREITUNG

Teigzutaten (außer Mehl) in den Mixtopf geben und **3 Min./37°C/Stufe 2** erwärmen. Mehl zugeben und **5 Min./Teigstufe** kneten. Den klebrigen Teig umfüllen und 1 Std. gehen lassen. Danach klebt er nicht mehr so stark.

Teig auf die bemehlte Arbeitsfläche geben und in 4 Portionen teilen. Vorsichtig zu Baguettes formen. Am besten mit den Händen in Form ziehen. Auf ein mit Backpapier belegtes Backblech legen. Erneut 15 Min. gehen lassen. Backofen auf 200°C Umluft vorheizen.

Nun alle Zutaten für das Cheese-Oregano-Topping in einer Schüssel verrühren und die Baguettes damit bestreichen.
Im vorgeheizten Backofen ca. 15 Min. backen. In der Zwischenzeit Butter schmelzen und die Baguettes direkt nach dem Backen mit flüssiger Butter bestreichen. Somit werden sie superweich!

Pro Stück: 662 kcal | 91 g KH | 19 g EW | 24 g Fett

DAS MACHEN WIR

DAS BESTREICHEN FUNKTIONIERT AM BESTEN MIT EINEM SILIKON-PINSEL. DAS DÜRFEN GERNE DIE KINDER ERLEDIGEN.

ZUBEREITUNGSZEIT: 5 MIN.

PORTIONEN 10

CHIPOTLE SOUTHWEST SAUCE

ZUTATEN

1 kl. Handvoll Dill, entstielt	
1 kl. Handvoll Koriander	
1	kl. Knoblauchzehe
100 g	Mayonnaise
90 g	Schmand
30 g	Naturjoghurt, 3,5%
2 TL	Limettensaft
1 TL	Zucker
½ TL	Paprikapulver, edelsüß
½ TL	Weißweinessig
¼ TL	Thymian, getr.
1 Msp.	Kreuzkümmel, gem.
1 Msp.	Cayennepfeffer, gem.
¼ TL	Chiliflocken

ZUBEREITUNG

Dill, Koriander und Knoblauch **5 Sek./Stufe 6** zerkleinern. Alles mit dem Spatel nach unten schieben. Restliche Zutaten zugeben und **20 Sek./Stufe 4** vermengen.

Das Baguette nach Lust und Laune belegen und etwas von der Sauce darüber geben!

Pro Portion: 101 kcal | 1 g KH | 1 g EW | 10 g Fett

DAS WAR: ☆☆☆☆☆

ZUBEREITUNGSZEIT: 5 MIN.

Caesar Joghurt Sauce

ZUTATEN

1	Knoblauchzehe
25 g	geriebener Parmesan
150 g	Crème fraîche
170 g	griech. Joghurt, 10%
½ TL	Sojasauce
1 TL	Zitronensaft
1 gestr. TL	Salz
etwas	Pfeffer, frisch gem.
1 Msp.	Paprikapulver, rosenscharf
1 gestr. TL	Senf, mittelscharf
1 EL	Milch, 1,5%

ZUBEREITUNG

Knoblauch im Mixtopf **5 Sek./Stufe 5** zerkleinern. Restliche Zutaten zugeben und **20 Sek./Stufe 3** vermengen.

Tipp:

Wer möchte, kann noch etwas Petersilie mit der Knoblauchzehe zerkleinern.

DAS WAR:

☆☆☆☆☆

Pro Portion: 75 kcal | 1 g KH | 2 g EW | 7 g Fett

BACON

Wer das Sandwich gerne mit Bacon belegen möchte, sollte die Streifen vorher in einer beschichteten Pfanne ohne Fett knusprig braten.

KÄSESORTE?

Als Käse eignen sich sehr gut Sandwichscheiben aus Gouda, da diese gut schmelzen.

Zubereitungstipp:

Damit der Käse auf dem Sandwich schön schmilzt, das Brot aber nicht zu trocken wird, eignet sich die Grillfunktion des Backofens sehr gut. Sandwich mit z. B. Salami und Schinken belegen, Käse darüber geben und ca. 4-5 Min. in den Ofen geben. Danach mit Salat, Tomate, Mais, Gurke, Zwiebel, Jalapeños usw. belegen.

Zum Schluss noch eine Sauce nach Wahl darauf geben und genießen!

ZUBEREITUNGSZEIT: 35 MIN.

Manchmal muss es schnell gehen!
In 30 Min. landen die frisch gebackenen Brötchen auf dem Tisch. Dadurch, dass die Brötchen in den kalten Ofen kommen, haben sie während der Aufheizphase Zeit, um aufzugehen. Wer die Brötchen z.B. für das Sonntagsfrühstück vorbereiten möchte, kann den Teig auch schon am Vortag machen und über Nacht im Kühlschrank lagern. Hier wird dann nur ¼ Würfel Hefe benötigt. Durch den Essig im Teig wird der Hefegeschmack gemildert.

ZUTATEN

½ Würfel frische Hefe
300 g Wasser, lauwarm
1 TL Honig
500 g Weizenmehl, Type 405 oder Dinkelmehl, Type 630
1 TL Weißweinessig oder heller Balsamicoessig
1 TL Salz

Zum Bestreichen:
1 Eigelb mit 2 EL Milch gemischt

ZUBEREITUNG

Hefe und Wasser in den Mixtopf geben und **2 Min./37°C/Stufe 2** erwärmen. Honig, Mehl, Essig und Salz zugeben und **2 Min./Teigstufe** kneten.

Teig aus dem Mixtopf auf die leicht bemehlte Arbeitsfläche geben und in 6 Portionen teilen. Rund rollen, mit Ei-Milch-Mischung bestreichen und kreuzweise einschneiden. In den kalten Backofen geben.

200°C Ober-/Unterhitze einstellen und die Brötchen 25-30 Min. backen.

Pro Brötchen: 296 kcal | 61 g KH | 9 g EW | 1 g Fett

Butter-TOASTBROT

ZUTATEN

280 g Milch, 1,5%
30 g Butter
20 g frische Hefe
300 g Weizenmehl, Type 550
200 g Weizenmehl, Type 405
1 EL Zucker
2 TL Salz

Außerdem:
etwas flüssige Butter
etwas Mehl

Zubehör: Kastenform, 30 cm lang

ZUBEREITUNG

Milch, Butter und Hefe in den Mixtopf geben und **3 Min./37°C/Stufe 1** erwärmen. Restliche Zutaten hinzufügen und 5 Min./Teigstufe kneten. Teig im Mixtopf 30 Min. gehen lassen. Etwas Mehl auf den Teig streuen und **10 Sek./Stufe 5** rühren. Dann noch mal **20 Sek./Teigstufe** kneten.

Teig aus dem Mixtopf nehmen und auf der bemehlten Arbeitsfläche in 6 Portionen teilen. Diese dicht aneinander in eine gefettete Kastenform (30 cm) geben. Abgedeckt erneut 45-60 Min. gehen lassen. Teig mit etwas flüssiger Butter bestreichen und mit etwas Mehl bestäuben.

Im vorgeheizten Backofen bei 220°C Ober-/Unterhitze ca. 10 Min. backen. Nun das Brot aus der Form auf den Backrost stürzen. Temperatur auf 180°C zurückstellen und 20 Min. fertig backen.

Pro Scheibe (20): 108 kcal | 19 g KH | 3 g EW | 2 g Fett

Knusper-BAGUETTES

Tipp
Damit die Baguettes schön knusprig werden, am besten eine Schale mit Wasser mit in den Backofen geben.

Zubereitungszeit: 5 Min.
+ Gehzeit/Backzeit: 25 Std.

Zutaten

400 g Weizenmehl, Type 405
320 g Wasser, lauwarm
1 erbsengroße Portion frische Hefe
1 TL Salz

Zubereitung

Wasser in eine Schüssel geben und unter Rühren die Hefe auflösen. Mehl und Salz zugeben und mit einem Löffel gut verrühren. Der Teig muss nicht geknetet werden. Teig bei Zimmertemperatur 1 Std. stehen lassen und dann luftdicht verschlossen für 24 Std. in den Kühlschrank stellen.

Am nächsten Tag den klebrig weichen Teig auf eine gut bemehlte Arbeitsfläche geben und mit etwas Mehl bestreuen. In 3 Teile schneiden und mit etwas Mehl ineinander verdrehen. Die Baguettes auf ein mit Backpapier belegtes Baguetteblech o. Backblech setzen und im vorgeheizten Backofen bei 220°C Umluft ca. 20 Min. backen. Nach 15 Min. die Baguettes wenden, dann werden sie ringsherum schön knusprig.

Pro Baguette: 466 kcal | 97 g KH | 46 g EW | 1 g Fett

Alles rund um PIZZA

SONNTAG = PIZZATAG!
zumindest im Hause Wild :-)

Wer meinen Instagram Storys folgt, weiß um meine große Pizzaliebe Bescheid. Jeden Sonntag gibt es Pizza! Komme, was wolle. Für mich meist ganz klassisch:

Pizza Margherita
ALLA NAPOLETANA

Dazu gibt es immer eine Auswahl an Ölen auf dem Tisch. Knoblauchöl ist für mich ein MUSS (s. Seite 99)!

KAPITEL 3

Pizza Spezial

JUHUU...

MALE HIER DEN BELAG DEINER ABSOLUTEN LIEBLINGSPIZZA DRAUF!

MEINE LIEBLINGSPIZZA SOLL WIE FOLGT BELEGT SEIN:

Lieblingspizza von:

Pizzateig

DIE BASIS FÜR JEDE GUTE PIZZA!

Es gibt diverse Rezepte für Pizzateig und alle unterscheiden sich ein kleines bisschen. Aber eins sollte auf jeden Fall verwendet werden:

PIZZAMEHL, TYPE 00

Natürlich kann man Pizzateig auch mit Weizenmehl Type 405 herstellen, aber der Geschmack ist nicht so toll wie mit Pizzamehl.

Also unbedingt auf die Suche gehen. Meistens findet man das Mehl sogar in gut sortierten Supermärkten. Wenn nicht, einfach beim italienischen Supermarkt schauen oder in Online-Shops.

BACKZEIT

Die Pizza sollte bei möglichst hoher Temperatur gebacken werden. Den Backofen auf höchste Temperatur (Umluft) z.B. 240°C vorheizen. Die Backzeit beträgt je nach Hitze dann gerade einmal 8-10 Min.

HIER FINDET IHR VERSCHIEDENE TEIGREZEPTE MIT UNTERSCHIEDLICHEN ZUSAMMENSETZUNGEN UND GEHZEITEN.

OHNE GEHZEIT

ZUTATEN

220 g Wasser, lauwarm
20 g frische Hefe
1 TL Salz
1 EL Öl
400 g Pizzamehl, Type 00

ZUBEREITUNG

Alle Teigzutaten in den Mixtopf geben und **1:30 Min./Teigstufe** kneten.

Teig reicht für 3 runde o. 1 ½ Bleche Pizza

ZUTATEN

600 g Wasser, lauwarm
5 g frische Hefe
15 g Salz
1 kg Pizzamehl, Type 00

ZUBEREITUNG

Wasser und Hefe in den Mixtopf geben und **10 Sek./Stufe 4** mixen. Salz und Pizzamehl zugeben und **4 Min./Teigstufe** kneten. In eine Schüssel mit Deckel geben und im Kühlschrank 48 Std. aufbewahren. Ca. 2-3 Stunden vor dem Zubereiten aus dem Kühlschrank nehmen.

Teig reicht für 8 runde o. 4 Bleche Pizza

STUNDEN 3

ZUTATEN

450 g Wasser, lauwarm
20 g frische Hefe
20 g Honig
15 g Salz
2 EL Öl
800 g Pizzamehl, Type 00

ZUBEREITUNG

Wasser, Hefe und Honig in den Mixtopf geben und **2 Min./37°C/Stufe 1** erwärmen. Salz, Öl und Pizzamehl zugeben und **4 Min./Teigstufe** kneten. Teig in eine Schüssel mit Deckel geben und ca. 2-3 Std. bei Zimmertemperatur gehen lassen.

Teig reicht für 6 runde o. 3 Bleche Pizza

TEIG AUSROLLEN

Zum Ausrollen immer wieder etwas Mehl zugeben und auf der Arbeitsfläche öfter wenden.

SELBSTGEMACHTE Pizza SAUCE

1 HANDVOLL BASILIKUM

2 DOSEN GESCHÄLTE TOMATEN

1 KNOBLAUCHZEHE

140 G TOMATENMARK

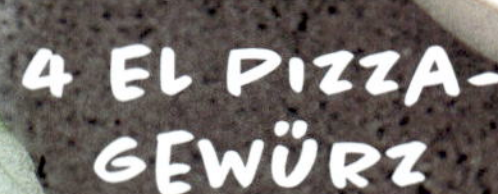

4 EL PIZZA-GEWÜRZ

Wir verwenden pro runde Pizza 2-3 EL Sauce. Die gesamte Menge reicht dann für ca. 12 Pizzen.

Pro Pizza: 44 kcal | 7 g KH | 2 g EW | 1 g Fett

Pizza SAUCE

FÜR 12 RUNDE PIZZEN

ZUBEREITUNGSZEIT: 35 MIN.

HALTBARKEIT:

Im Kühlschrank
ca. 4-5 Tage haltbar.

ZUTATEN

- 1 Handvoll Basilikum
- 1 Knoblauchzehe
- 2 Dosen geschälte Tomaten (à 400 g)
- 140 g Tomatenmark
- 4 EL Pizzagewürz, selbstgemacht

PIZZAGEWÜRZ

- 3 EL Oregano, getr.
- 3 EL Basilikum, getr.
- 1 EL Petersilie, getr.
- 2 EL Zwiebel, granuliert
- 1 EL Knoblauch, granuliert
- 1 EL Salz
- 1 gestr. TL Chiliflocken
- 1 TL Paprikapulver, rosenscharf
- 1 TL Paprikapulver, edelsüß
- 1 EL brauner Zucker

ZUBEREITUNG

Basilikum und Knoblauch im Mixtopf **5 Sek./Stufe 5** zerkleinern. Restliche Zutaten zugeben und **30 Min./100°C/Stufe 1** kochen.

Tipp:

Die Sauce eignet sich auch für Pasta. So kann man aus Saucenresten ein schnelles Essen für die Kinder zaubern.

Pizzakäse

Für die perfekte Pizza empfehle ich Mozzarella-Bällchen und geriebenen Mozzarella.

CHILI ÖL

ZUTATEN

2-3 frische Peperoni, entkernt (25 g)
3 TL Chiliflocken
150 g Öl, neutral
½ TL Meersalz

ZUBEREITUNG

Peperoni in Stücken in den Mixtopf geben und **8 Sek./Stufe 6** zerkleinern. Mit dem Spatel nach unten schieben. Restliche Zutaten zugeben und **2 Min./Varoma/Stufe 1** erhitzen.
In ein Gefäß (220 ml) umfüllen und verschließen. Nach ca. 1-2 Wochen ist die perfekte Schärfe erreicht. Wer das reine Öl möchte, kann die Peperonistücke auch nach 2 Wochen absieben.

HALTBARKEIT:

Kühl und dunkel lagern - nicht im Kühlschrank! Hält sich ca. 2 Monate.

ZUBEREITUNGSZEIT: 10 MIN.

Etiketten zum Download

Findest du bei uns im Shop unter:
www.mixgenuss.de/
Kostenlose-Downloads

Knoblauch ÖL

ZUTATEN

1 Knolle Knoblauch (40 g)
130 g Öl, neutral
½ TL Meersalz

ZUBEREITUNG

Knoblauchzehen im Mixtopf **5 Sek./Stufe 6** zerkleinern. Mit dem Spatel nach unten schieben. Öl und Salz zugeben und **20 Min./80°C/Stufe 1** garen. In ein Gefäß (220 ml) umfüllen und verschließen.

HALTBARKEIT:

Kühl und dunkel lagern - nicht im Kühlschrank! Hält sich 1-2 Monate.

ZUBEREITUNGSZEIT: 25 MIN.

Basilikum ÖL

ZUTATEN

2 Knoblauchzehen
1 gr. Handvoll frisches Basilikum
½ TL Meersalz
75 g Olivenöl

ZUBEREITUNG

Knoblauch und Basilikum in den Mixtopf geben **10 Sek./Stufe 5** zerkleinern. Restliche Zutaten zugeben und **5 Sek./Stufe 4** mischen. In ein Gefäß (220 ml) umfüllen und verschließen.

HALTBARKEIT:

Kühl und dunkel lagern - nicht im Kühlschrank! Hält sich 7-10 Tage.

ZUBEREITUNGSZEIT: 5 MIN.

Info

Diese herzhafte italienische Focaccia ist der Pizza sehr ähnlich, unterscheidet sich jedoch in der Teigzusammensetzung. Der Teig kommt für 72 Std. in den Kühlschrank, so soll er vollständig aufgehen und die Pinsa wird besonders bekömmlich und leicht verdaulich!

ZUBEREITUNGSZEIT: 10 MIN.
+ GEHZEIT / BACKZEIT: 72 STD. + 15 MIN.

DAS WAR:

PINSA Romana

FÜR DEN TEIG

360 g Wasser, lauwarm
1 erbsengroße Portion Hefe
25 g Sojamehl*
75 g Reismehl*
50 g Vollkornmehl (Weizen o. Dinkel)
350 g Pizzamehl, Type 00
1 TL Salz
1 TL Olivenöl

AUSSERDEM

8 EL selbstgemachte Pizzasauce (s. Seite 97)
2 Tomaten
ca. 150 g geriebener Mozzarella oder Mozzarella-Bällchen, klein gerupft
ein paar Basilikumblätter

** im gut sortierten Supermarkt in der Bio-Abteilung erhältlich*

NATÜRLICH KÖNNT IHR DEN PINSATEIG AUCH MIT SALAMI, SCHINKEN USW. BELEGEN.

ZUBEREITUNG

Wasser und Hefe in den Mixtopf geben und **10 Sek./Stufe 4** mixen. Restliche Teigzutaten zugeben und **4 Min./Teigstufe** kneten.
In eine Schüssel mit Deckel geben und im Kühlschrank 72 Std. aufbewahren.
Am Tag der Pinsa-Zubereitung aus dem Kühlschrank nehmen, in 4 Portionen teilen.

Auf etwas Mehl zu Fladen ausrollen, mit Pizzasauce bestreichen und mit Tomatenscheiben und Mozzarella belegen. Im vorgeheizten Backofen bei 220°C Umluft ca. 10-15 Min. backen. Vor dem Servieren noch frische Basilikumblätter darüber streuen.

Pro Portion: 593 kcal | 90 g KH | 25 g EW | 14 g Fett

FÜR 8 PORTIONEN

DAS WAR:

AROMATISCHE TOMATEN

AUS DEM OFEN

*altern. 3 EL Olivenöl mit je 1 TL Oregano & Basilikum gemischt.

ZUTATEN

1,5 kg kleine Rispentomaten
3 EL Basilikumöl (s. Seite 99)*
etwas Salz & Zucker

ZUBEREITUNG

Backofen auf 140°C Umluft vorheizen. Tomaten waschen, trocknen und halbieren. Auf ein mit Backpapier ausgelegtes Backblech geben. Mit Salz und Zucker würzen und das Basilikumöl darüber geben. Mit den Händen gut vermischen und für 1 Std. in den Ofen geben.

TOMATIGER Genuss!

Sehr lecker zum Beispiel auf Pizza, zu Pasta (s. nächste Seite), als Antipasti oder einfach zur Brotzeit. Die Tomaten können eng gepresst in einem Glasgefäß im Kühlschrank einige Tage lagern.

ZUBEREITUNGSZEIT: 10 MIN.
BACKZEIT: 60 MIN.

Pro Portion: 65 kcal | 5 g KH | 2 g EW | 4 g Fett

Deko-TIPP

AUS LEEREN TOMATENDOSEN LÄSST SICH SCHNELL EINE PRAKTISCHE TISCHDEKO ZAUBERN.

IHR KÖNNT MIT ETWAS ERDE ENTWEDER BASILIKUM ODER OREGANO EINPFLANZEN UND SO KANN JEDER GAST FRISCHE KRÄUTER DIREKT AM TISCH ERNTEN.

ZUBEREITUNGSZEIT: 25 MIN.

Diese Pasta ist genauso einfach wie lecker! Aus wenigen Zutaten entsteht ein wirklich tolles Nudelgericht. Gerade im Sommer ein Hochgenuss!

ZUTATEN

500 g Spaghetti
½ Menge der Ofen-Tomaten (s. Seite 102)
1 Handvoll Rucola
2 TL Chiliöl (s. Seite 98)
2 TL Basilikumöl (s. Seite 99)
etwas Salz & Pfeffer
4 TL Balsamicocreme (1 TL pro Teller)
etwas Parmesan, gehobelt

ZUBEREITUNG

Während die Tomaten im Ofen schmoren, ca. 15 Min. vor Garzeitende die Spaghetti in reichlich Salzwasser gar kochen.

Spaghetti mit einer Zange aus dem Wasser nehmen und auf 4 Teller verteilen. Ofentomaten und Rucola auf die Spaghetti geben. Das Ganze mit Chiliöl, Basilikumöl, Salz, Pfeffer und Balsamicocreme würzen. Zum Schluss Parmesan darüber hobeln. Fertig! Ein wahrer Genuss!

Pro Portion: 522 kcal | 91 g KH | 18 g EW | 8 g Fett

ZUBEREITUNGSZEIT: 25 MIN.

ZUTATEN

125 g Lachsfilet
6 gr. Garnelen, roh
2 TL Kräuterbutter
500 g Pasta nach Wahl
2 Schalotten
1 Knoblauchzehe
1 kl. Karotte
1 kl. Stück Chilischote (ca. 4 cm)
2 EL Olivenöl
2 Tomaten
ein paar Basilikumblätter und Rosmarinnadeln
200 g stückige Tomaten (Dose)
200 g Wasser
1 TL Gemüsebrühpulver
½ TL Zucker
½ TL Salz
etwas Pfeffer, frisch gem.

ZUBEREITUNG

Lachs in Würfel schneiden und zusammen mit den Garnelen in den Gareinsatz geben. Kräuterbutter darauf geben und beiseitestellen. Einen Kochtopf mit Wasser und etwas Salz zum Kochen bringen.

In der Zwischenzeit Schalotten, Knoblauch, Karotte und Chili **5 Sek./Stufe 6** zerkleinern. Mit dem Spatel nach unten schieben. Öl zugeben und **2 Min./Varoma/Stufe 1** dünsten. Tomaten in kleine Würfel schneiden, Kräuter hacken und zusammen mit den restlichen Zutaten in den Mixtopf geben. Gareinsatz einsetzen und das Ganze **13 Min./Varoma/Stufe 1** garen. In dieser Zeit Pasta nach Packungsanweisung kochen. Danach alles vermengen und servieren.

Pro Portion: 652 kcal | 97 g KH | 28 g EW | 14 g Fett

FÜR 4 PORTIONEN

SEAFOOD PASTA

MIT LACHS, GARNELEN UND TOMATENSUGO

Tipp

Die Kinder essen die Pasta nicht mit Lachs und Garnelen, sondern nur mit Tomatensugo. Wer möchte, gibt noch etwas Parmesan und Chiliöl darüber.

DAS WAR:

ERGIBT 3 GLÄSER À 270 ML

Pizza & Pasta SAUCE AUF VORRAT

ZUTATEN

1	Knoblauchzehe
2	Salbeiblätter
1 EL	frische Rosmarinnadeln
800 g	frische Tomaten
1 TL	Oregano, getr.
3 leicht geh. TL	Pizzagewürz (s. Seite 97)
1 TL	Balsamicoessig, dunkel
1 TL	Zucker
1 leicht geh. TL	Salz
1 TL	Honig
1 TL	Zwiebeln, granuliert
1 Msp.	Pfeffer, gem.
150 g	Tomatenmark

ZUBEREITUNG

Knoblauch, Salbei und Rosmarin im Mixtopf **5 Sek./Stufe 8** hacken. Tomaten in Stücke schneiden, zugeben und **10 Sek./Stufe 7** zerkleinern. Restliche Zutaten (außer Tomatenmark) zugeben und das Ganze **12 Min./100°C/Stufe 1** kochen.

Nun **15 Sek./Stufe 10** pürieren. Tomatenmark zugeben und noch einmal **10 Min./100°C/Stufe 1** kochen.

Sauce sofort in (saubere!) heiß ausgespülte Schraubgläser füllen, verschließen und auf dem Kopf stehend abkühlen lassen. Fertig!

1 GLAS REICHT FÜR 1 BLECH PIZZA

so geht's

Sauce für Pasta einfach erhitzen. Wer möchte, kann sie mit einem Schuss Sahne verfeinern.
Für Pizza einfach auf den Teig streichen und nach Herzenslust belegen.

ZUBEREITUNGSZEIT: 25 MIN.

Pro Glas: 150 kcal | 25 g KH | 7 g EW | 2 g Fett

HALTBARKEIT

Kühl und dunkel lagern. Hält sich ca. 3-4 Monate. Für längere Haltbarkeit sollten die Gläser eingekocht werden.

FÜR 4 PORTIONEN

PIZZAPASTA aus dem Ofen

EIN GERICHT, BEI DEM DIE KINDER FAST ALLES ALLEINE MACHEN KÖNNEN!

ZUTATEN

250 g	kurze, breite Bandnudeln
80 g	Salami
150 g	Schinken
1	gelbe Paprika
200 g	Sahne
400 g	passierte Tomaten
5 EL	Wasser
2 EL	Pizzagewürz (s. Seite 97)
100 g	geriebener Mozzarella

Zubehör: gusseiserner Topf oder Bräter

HIER WIRD ALLES EINFACH VERMENGT UND IM OFEN GEGART!

ZUBEREITUNGSZEIT: 50 MIN.

Pro Portion: 762 kcal | 83 g KH | 32 g EW | 32 g Fett

In den Backofen den Gitterrost einschieben und auf 200°C Ober-/Unterhitze vorheizen.

Ungekochte Nudeln in einen Bräter oder gusseisernen Topf mit Deckel geben.

Salami, Schinken und Paprika in Würfel schneiden. Über die Nudeln geben.

Sahne und passierte Tomaten darüber gießen. Wasser und Pizzagewürz darüber geben und alles gut vermischen.

Deckel auf den Topf geben und in den heißen Ofen stellen. 30 Min. garen.

Nun den heißen Deckel vorsichtig abnehmen (das machen Mama oder Papa) und alles kurz durchrühren. Mozzarella darauf streuen, Deckel wieder drauf und nochmal 15 Min. garen.

Fertig ist die OnePot Pizzapasta!

HEUTE KOCHEN WIR!

DAS WAR: ☆☆☆☆☆

FÜR 6 PORTIONEN
EIN TOLLES GERICHT, WENN GÄSTE ZU BESUCH KOMMEN!
WIRD KOMPLETT IM PIZZATEIG GEBACKEN.
DECKEL ABSCHNEIDEN UND AUF DEM TEIG SERVIEREN.
ZUBEREITUNGSZEIT: 25 MIN.
+ GEHZEIT / BACKZEIT: 50 MIN.

DAS WAR: ☆☆☆☆☆

PIZZABOMB
Tomate-scampi

ZUTATEN

Für den Pizzateig:

220 g Wasser, lauwarm
½ Würfel frische Hefe
400 g Pizzamehl, Type 00
1 EL Honig
2 TL Salz
1 TL Öl

Für die Tomatensauce:

1 gr. Zwiebel, halbiert
1 TL Knoblauchöl (s. Seite 99)
15 g Butter
2 Dosen Tomatenfruchtfleisch (à 400 g z.B. von Mutti)
1 TL Balsamicoessig, hell
1 TL Pizzagewürz (s. Seite 97)
1 TL Salz
1 TL Oregano, gerebelt
1 TL ital. Kräuter, getr.
¼ TL Pfeffer, gem.
1 TL Honig
1 TL Zucker
1 TL Paprikapulver, rosenscharf
2 EL Tomatenmark

Außerdem:

800 g frische Garnelen, küchenfertig
etwas Öl zum Braten
etwas Salz & Pfeffer
5 Rispentomaten
2-3 TL Knoblauchöl (s. Seite 99)

ZUBEREITUNG

Zuerst den Pizzateig zubereiten. Wasser und Hefe im Mixtopf **5 Sek./Stufe 4** mixen. Restliche Zutaten hinzufügen und **2 Min./Teigstufe** kneten. Teig 30 Min. gehen lassen.

Für die Tomatensauce Zwiebel mit Knoblauchöl in den Mixtopf geben und **5 Sek./Stufe 5** zerkleinern. Mit dem Spatel nach unten schieben. Butter zugeben und **3 Min./100°C/Stufe 1** dünsten. Restliche Zutaten für die Sauce zugeben (außer Tomatenmark) und **10 Min./100°C/Stufe 2** kochen. Backofen auf 200°C Umluft vorheizen.

In der Zwischenzeit Garnelen in einer Pfanne mit etwas Öl anbraten. Mit Salz und Pfeffer gut würzen. Tomaten in Würfel schneiden und zusammen mit dem Knoblauchöl zugeben.

Nach Garzeitende Tomatenmark zur Sauce geben und **10 Sek./Stufe 3** unterrühren. Tomatensauce mit in die Pfanne gießen, nochmal alles gut aufkochen und in eine Auflaufform geben.

Pizzateig um einiges größer als die Form ausrollen. Immer wieder wenden und Mehl auf die Arbeitsfläche streuen. Nun die komplette Auflaufform außen mit Teig umschließen. Mit Knoblauchöl einpinseln und im Backofen ca. 16-18 Min. backen.

Zum Servieren zuerst den Teigdeckel abschneiden und zusammen mit den Garnelen servieren. Restlichen Teig von der Form abzupfen und ebenso mit etwas Garnelen und Soße auf Tellern anrichten.

Pro Portion: 493 kcal | 60 g KH | 34 g EW | 11 g Fett

LECKERES FÜR JEDEN TAG!

Alltagstaugliche Rezeptideen und Blitzrezepte, wenn es einmal schnell gehen muss. Aus wenigen Zutaten werden im Thermomix super Rezepte gezaubert! Viele Rezepte könnt ihr ganz einfach mit leckeren Beilagen kombinieren und variieren. So bleibt es immer abwechslungsreich und man steht nie vor der Frage: „Was koche ich heute?“

REZEPTÜBERSICHT

Emoji-Quiz

WELCHES WORT SUCHEN WIR?

Hier siehst du verschiedene Emojis, kombiniere die Worte & die Bedeutung der Symbole und schreibe die gesuchten Wörter in die Kästchen.

🩸🍊 =

🌽🔥💥 =

🐄🍫 =

🔥🐶 =

🧽🦀🍔 =

🍪⚫⚪⚫ =

🧀🍰 =

❄️☕ =

🥑🍅🌮 =

DAS WAR: ★★★★★

ZUBEREITUNGSZEIT: 15 MIN.

MARINIERZEIT: MIND. 2-3 STD.

FÜR 4 PORTIONEN

GYROS-SCHMAND-GESCHNETZELTES

ZUTATEN

500 g	Geschnetzeltes, nach Wahl
3 TL	Gyrosgewürz
3 EL	Öl
1 Spritzer	Zitronensaft
etwas	Salz & Pfeffer
400 g	Schmand
1 TL	Gemüsebrühpulver
etwas	Schnittlauch

ZUBEREITUNG

Fleisch mit Gyrosgewürz, Öl, Zitronensaft sowie etwas Salz und Pfeffer mischen und mind. 2-3 Std. marinieren lassen. (Gerne auch 1-2 Tage im Kühlschrank.)

Gyrosfleisch in einer Pfanne anbraten. Schmand und Gemüsebrühpulver zugeben und alles gut vermengen. Kurz erhitzen und mit Schnittlauch bestreut servieren.

Pro Portion: 446 kcal | 7 g KH | 23 g EW | 36 g Fett

Beilagen TIPP

REIS

BANDNUDELN

Für 4 Portionen

Hähnchen-Rahmgulasch

Das war: ☆☆☆☆☆

Zubereitungszeit: 25 Min.

Zutaten

1	Knoblauchzehe
1	Schalotte
25 g	Butter
550 g	Hähnchenbrustfilet
200 g	Schmand
200 g	Wasser, lauwarm
100 g	Sahne
1 TL	Gemüsebrühpulver
1 TL	Salz
30 g	Tomatenmark
½ TL	Paprikapulver, edelsüß
2 Msp.	Currypulver
etwas	Pfeffer, frisch gem.

Beilagen Tipp

Zubereitung

Knoblauch und Schalotte im Mixtopf **5 Sek./Stufe 5** zerkleinern. Mit dem Spatel nach unten schieben. Butter zugeben und **2 Min./100°C/Stufe 1** schmelzen. Hähnchenbrust in Würfel schneiden (ca. 3 x 3 cm) und zusammen mit den restlichen Zutaten zugeben. Das Ganze **20 Min./ ⟲ /100°C/Sanftrührstufe** garen.

Die Sauce ist etwas dünn, was aber ideal passt, wenn man z.B. Bandnudeln dazu isst oder Knödel. Wer die Sauce dicker möchte, gibt nach Garzeitende 1 EL Speisestärke mit 2 EL Wasser angerührt zum Gulasch und erhitzt das Ganze noch einmal **2 Min./ ⟲ /100°C/Sanftrührstufe.**

Pro Portion: 392 kcal | 5 g KH | 34 g EW | 26 g Fett

DAS WAR: ★★★★★

ZUBEREITUNGSZEIT: 15 MIN.

SAUCE FÜR Blitz-PASTA

ICH HABE HIER GIRASOLI MIT TRÜFFEL-KÄSEFÜLLUNG VERWENDET.

ZUTATEN

50 g Butter
500 g gefüllte Pasta, aus der Kühltheke*
100 g Wasser, lauwarm
1 geh. TL Gemüsebrühpulver
100-150 g Sahne
2-3 EL geriebener Parmesan
etwas Salz & Pfeffer
ein paar frische Kräuter, nach Wahl

MEIN TIPP!
Gib noch einen Schuss Weißwein mit in die Sauce!

ZUBEREITUNG

Butter in eine beschichtete Pfanne geben und so lange schmelzen, bis die Butter schäumt und sich bräunlich färbt. Nudeln zugeben und anbraten. Wasser und Gemüsebrühpulver zugießen und 2-4 Min. köcheln lassen (je nach Garzeit der Pasta).

Restliche Zutaten zugeben, gut vermengen und alles erhitzen. Fertig!

*DIE QUAL DER WAHL

Hier könnt ihr die unterschiedlichsten Nudelsorten verwenden: Cappelletti mit Spinat-Ricotta-Füllung, Tortellini mit Pestofüllung, Ravioli mit Tomate-Mozzarella-Füllung usw.

Pro Portion (nur Sauce):
315 kcal | 3 g KH | 5 g EW | 32 g Fett

Meine Favoriten

Hier kannst Du notieren was Dir/Euch besonders lecker schmeckt:

....

....

....

....

ZUBEREITUNGSZEIT:
15 MIN.
FÜR 4 PORTIONEN
Tomate-
Mozzarella
SAUCE
SUPER CHEESY

FÜR 500 G PASTA

NACH WAHL

ZUTATEN

1	Knoblauchzehe
25 g	Butter
20 g	Weizenmehl, Type 405
1 Dose	stückige Tomaten (400 g)
1 TL	Oregano, getr.
1 TL	Majoran, getr.
1 TL	Basilikum, getr.
½ TL	Thymian, getr.
1 gestr.	TL Salz
2 Msp.	Pfeffer, gem.
2 Msp.	Paprikapulver, rosenscharf
125 g	Sahne
30 g	Wasser, lauwarm
100 g	geriebener Mozzarella
1 EL	geriebener Parmesan
60 g	Milch, 1,5%
100 g	passierte Tomaten

ZUBEREITUNG

Knoblauch in den Mixtopf geben und **5 Sek./Stufe 5** hacken. Mit dem Spatel nach unten schieben. Butter zugeben und **3 Min./100°C/Stufe 1** dünsten.

Mehl zugeben und **1 Min./100°C/Stufe 1** anschwitzen. Stückige Tomaten und Gewürze zufügen und **5 Min./90°C/Stufe 3** erhitzen.

Restliche Zutaten dazugeben und **2 Min./90°C/Stufe 3** erhitzen. Sauce zu Pasta servieren.

HINWEIS:
Hier eignet sich keine Kugel Mozzarella, sondern nur bereits geriebener Mozzarella.

Pro Portion: 291 kcal | 11 g KH | 10 g EW | 23 g Fett

Entscheidungshilfe
NUDELWAHL

WAS DARF'S DENN HEUTE SEIN?
TESTE UNSER NUDELORAKEL UND LASS DAS SCHICKSAL ENTSCHEIDEN.

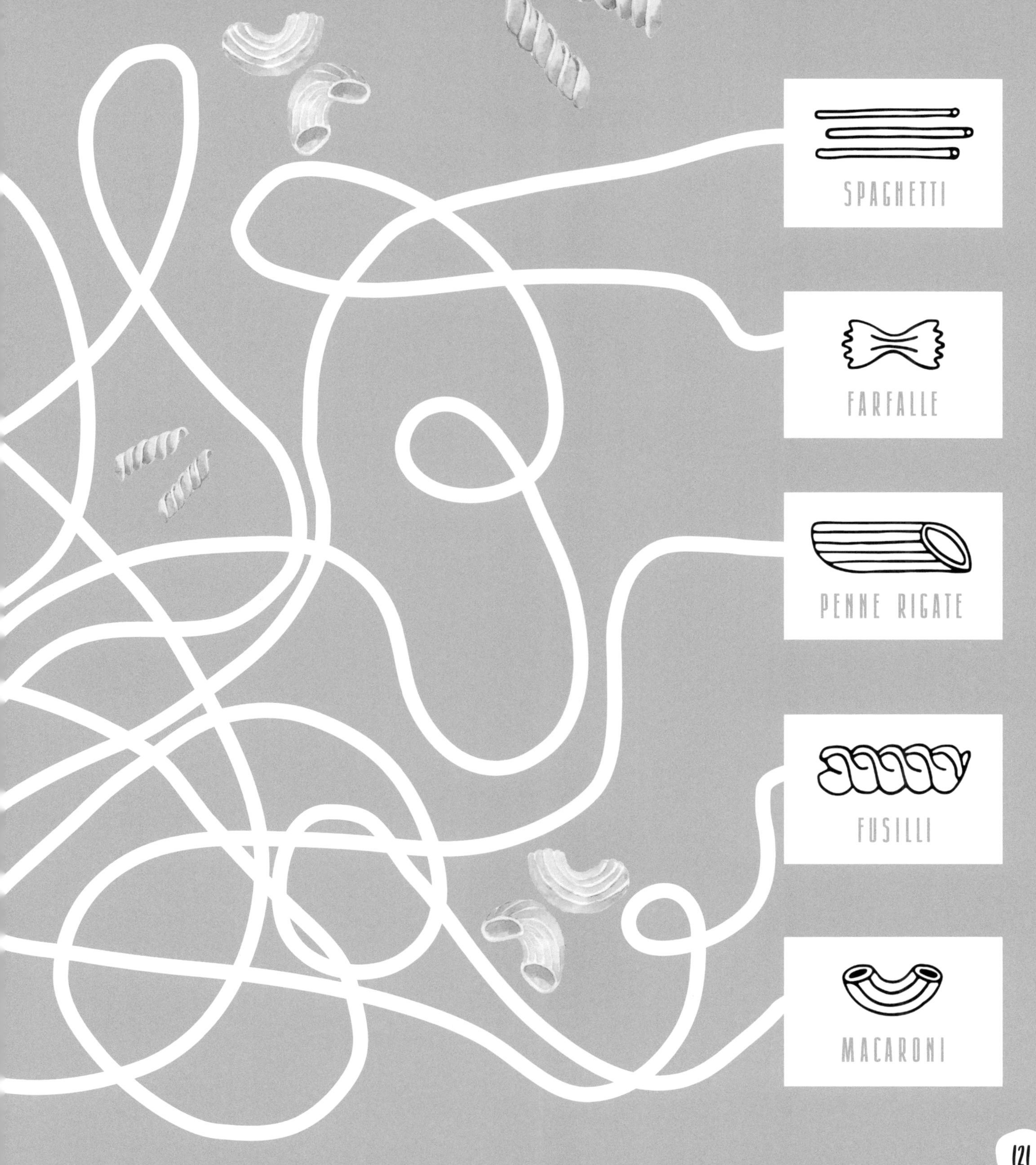
SPAGHETTI
FARFALLE
PENNE RIGATE
FUSILLI
MACARONI

ZUBEREITUNGSZEIT: 20 MIN.
+ BACKZEIT: 15 MIN.

TORTELLINI
Prosciutto e Broccoli

ZUTATEN

750 g Tortellini mit Käsefüllung (Kühltheke)
50 g geriebener Parmesan

FÜR DIE SAUCE

1 rote Zwiebel, halbiert
1 Knoblauchzehe
1 EL Öl
250 g Kochsahne, 15%
220 g Wasser, lauwarm
2 gestr. TL Gemüsebrühpulver
1 gestr. TL Salz
1 Kopf Brokkoli (500 g)
150 g Kochschinken
250 g Mascarpone
25 g geriebener Parmesan
1 TL ital. Kräuter, getr.
¼ TL Pfeffer, gem.
1 Msp. Muskat, gem.
1 Spritzer Zitronensaft

ZUBEREITUNG

Zwiebel und Knoblauch im Mixtopf **5 Sek./Stufe 5** zerkleinern. Öl zugeben und **2 Min./Varoma/Stufe 1** dünsten. 100 g Kochsahne, Wasser, Brühpulver und Salz zugeben. Brokkoli in kleine Röschen schneiden und zugeben. Das Ganze **9 Min./100°C/ ↺ /Sanftrührstufe** garen.

In der Zwischenzeit Schinken in Würfel schneiden. Schinken sowie restliche Zutaten zugeben und **5 Min./100°C/ ↺ /Sanftrührstufe** garen. Backofen auf 200°C Umluft vorheizen.

Tortellini in eine Auflaufform geben, Sauce darüber geben und vermengen. Mit geriebenem Käse bestreuen und im vorgeheizten Backofen ca. 15 Min. überbacken.

Zubehör: Auflaufform (25 x 30 cm)

EIGNET SICH AUCH ALS PASTASAUCE FÜR CA. 500 G NUDELN!

Pro Portion: 661 kcal | 48 g KH | 29 g EW | 38 g Fett

FÜR 6 PORTIONEN

DAS WAR:

VEGETARIER ERSETZEN SCHINKEN DURCH KLEINE PAPRIKAWÜRFEL

Super cremig!

FÜR 500 G PASTA
NACH WAHL
FÜR 4 PORTIONEN
FÜR DEN GANZ GROSSEN HUNGER
verdoppeln

ZUBEREITUNGSZEIT: 5 MIN.

DAS WAR:

PASTA SAUCE Alfredo

ZUTATEN

70 g	Parmesan, in Stücken
1	Knoblauchzehe
50 g	Butter
75 g	Kochsahne, 15%
100 g	Doppelrahmfrischkäse
1 Prise	Salz
1 Msp.	Pfeffer, gem.
1 TL	ital. Kräuter, getr.
etwas	Petersilie, gehackt

ZUBEREITUNG

Parmesan im Mixtopf **10 Sek./Stufe 8** reiben. Umfüllen. Knoblauch in den Mixtopf geben und **5 Sek./Stufe 6** hacken. Butter zugeben und **2 Min./80°C/Stufe 2** schmelzen. Restliche Zutaten zugeben und **1:30 Min./80°C/Stufe 3** erhitzen.

Mit der Lieblingspasta vermengen und mit Petersilie bestreut servieren.

Tipp

Sauce in ein Schraubglas füllen und im Kühlschrank aufbewahren. Bei Bedarf einfach erhitzen. Die Sauce ist 3-4 Tage haltbar.

WEIL NUDELN EINFACH GLÜCKLICH MACHEN!

Pro Portion: 271 kcal | 2 g KH | 8 g EW | 25 g Fett

FÜR 6 PORTIONEN
CREMIG, KNUSPRIG, LECKER!
Tipp
WER MÖCHTE, KANN NOCH ETWAS PARMESAN DARÜBER REIBEN!

ZUBEREITUNGSZEIT: 30 MIN.

DAS WAR:

BANDNUDELN mit Avocado-Ricotta-Sauce

ZUTATEN

1.500 g Wasser, lauwarm
1 TL Öl
1 geh. TL Salz
500 g kurze Bandnudeln (Kochzeit: 8 Min.)
100 g Erbsen, TK

125 g Mozzarella
50-60 g getr. Tomaten, in Öl eingelegt
2 kl. Zucchini
2 Zwiebeln
etwas Salz & Pfeffer

FÜR DIE SAUCE

2 Avocados
100 g Garflüssigkeit
150 g Ricotta
50 g Zitronensaft
1 gestr. TL Salz
½ TL Pfeffer, gem.
½ TL Gemüsebrühpulver

ZUM BESTREUEN

2-3 EL Semmelbrösel
2 EL Olivenöl

ZUBEREITUNG

Wasser, Öl und Salz in den Mixtopf geben und **9-12 Min./100°C/Stufe 1** aufkochen, bis 100°C erreicht sind. Bandnudeln und Erbsen zugeben und **9 Min./100°C/Sanftrührstufe** garen.

In der Zwischenzeit Mozzarella mit den Händen zerrupfen und in eine große Schüssel geben. Getrocknete Tomaten klein schneiden und zum Mozzarella geben.

Zucchini der Länge nach vierteln und in Scheiben schneiden. Zwiebeln halbieren und ebenso in Scheiben schneiden. Beides in einer Pfanne mit heißem Öl anbraten. Mit Salz und Pfeffer würzen.

Nach Garzeitende Nudeln und Erbsen absieben und Garflüssigkeit auffangen. 100 g davon zusammen mit den restlichen Zutaten für die Sauce im Mixtopf **10 Sek./Stufe 6** pürieren.
Sauce sofort mit den heißen Nudeln zum Mozzarella in die Schüssel geben, Zucchini-Zwiebel-Gemisch zugeben und alles gut vermengen.

Semmelbrösel und Olivenöl in die heiße Pfanne geben und anbraten. Über die Nudeln streuen und genießen.

Pro Portion: 648 kcal | 71 g KH | 22 g EW | 29 g Fett

All-in-one Gemüse Ravioli

SCHNELL FERTIG!

ZUBEREITUNGSZEIT: 25 MIN.

FÜR 4 PORTIONEN

DAS WAR: ★★★★★

ZUTATEN

½	Zucchini (150 g)
1	rote Spitzpaprika
1	rote Zwiebel
15 g	Olivenöl
500 g	Ravioli, Kühltheke (z.B. Tomate-Mozzarella-Füllung)
1 Dose	ganze Tomaten, geschält (400 g)
50 g	Sahne
60 g	Wasser, lauwarm
1 TL	Gemüsebrühpulver
1 TL	Salz
¼ TL	Pfeffer, gem.
1 TL	ital. Kräuter, getr.
½ TL	Paprikapulver, edelsüß
1 TL	Zwiebeln, granuliert
etwas	geriebener Parmesan zum Bestreuen

ZUBEREITUNG

Zucchini, Paprika und Zwiebel in kleine Würfel schneiden. Zusammen mit dem Olivenöl in den Mixtopf geben und **5 Min./100°C/Stufe 1** dünsten. In der Zwischenzeit Ravioli in den Varoma geben und mit heißem Wasser abbrausen, da diese oft zusammenkleben und dadurch voneinander gelöst werden.

Dosentomaten samt Soße in eine Schüssel geben und die Tomaten etwas klein schneiden. Das Ganze in den Mixtopf geben. Restliche Zutaten hinzufügen, auflegen, Varoma aufsetzen und das Ganze **15 Min./Varoma/ ⟲ /Sanftrührstufe** garen.

Nach Garzeitende Ravioli mit Sauce vermengen und mit Parmesan bestreut servieren.

Pro Portion: 323 kcal | 40 g KH | 12 g EW | 13 g Fett

FÜR 6 PORTIONEN

ZUBEREITUNGSZEIT: 15 MIN.
+ BACKZEIT: 20 MIN.

AUS DEM OFEN TORTELLINI mit 2erlei Saucen

DAS MACHEN WIR:
Tortellini auf dem Blech verteilen und wenn euch Mama oder Papa die Saucen in 2 Schüsseln umfüllen, könnt ihr sie mit einem Löffel auf die Tortellini klecksen. Käse dürft ihr auch darüber streuen! Let´s do it! Das macht Spaß!

FÜR DEN GANZ GROSSEN HUNGER
verdoppeln

FÜR DIE WEISSE SAUCE

60 g Parmesan, in Stücken
250 g Ricotta
200 g Crème légère
75 g Kochsahne, 15%
2 TL Oregano, getr.
1 TL Gemüsebrühpulver
¼ - ½ TL Pfeffer, gem.

ZUTATEN

1 kg Tortellini mit Spinat-Ricotta-Füllung (Kühltheke)
200 g geriebener Mozzarella

FÜR DIE ROTE SAUCE

1 Knoblauchzehe
1 Zwiebel, halbiert
1 EL Röstzwiebeln
1 EL Olivenöl
1 Fl. passierte Tomaten (680 g)
100 g Wasser, lauwarm
1 EL Pizzagewürz (s. Seite 97)
1 TL Balsamicoessig, hell
1 TL Salz
¼ - ½ TL Pfeffer, gem.
1 TL Gemüsebrühpulver

ZUBEREITUNG

Tortellini auf ein tiefes Backblech geben und verteilen. Backofen auf 180°C Umluft vorheizen.

Zuerst die rote Sauce zubereiten:
Zwiebel, Knoblauch und Röstzwiebeln in den Mixtopf geben und **5 Sek./Stufe 5** zerkleinern. Mit dem Spatel nach unten schieben. Öl zugeben und **3 Min./Varoma/Stufe 1** dünsten. Restliche Zutaten für die rote Sauce zugeben und **5 Min./100°C/Stufe 2** erhitzen. Sauce über die Tortellini geben. Mixtopf spülen.

Nun die weiße Sauce zubereiten:
Parmesan in Stücken in den Mixtopf geben und **10 Sek./Stufe 8** reiben. Restliche Zutaten für die weiße Sauce zugeben und **5 Min./100°C/Stufe 2** erhitzen. Sauce über die Tortellini geben und mit geriebenem Käse bestreuen.

Im vorgeheizten Backofen ca. 20 Min. gratinieren.

Pro Portion: 756 kcal | 71 g KH | 47 g EW | 35 g Fett

DAS WAR: ★★★★★

ZUBEREITUNGSZEIT: 5 MIN.

IM KÜHLSCHRANK
3-4 TAGE HALTBAR.

BÄRLAUCH / RUCOLA PESTO

- 1 GLAS 250 ML -

ZUTATEN

70 g	Bärlauch oder Rucola
50 g	Öl
½ TL	Salz
30 g	Mandeln
30 g	Parmesan

ZUBEREITUNG

Bärlauchblätter oder Rucola waschen und mit einem Küchenkrepp trocken tupfen. Alles in den Mixtopf geben und **10 Sek./Stufe 8** mixen.
Mit dem Spatel nach unten schieben und erneut **10 Sek./Stufe 5** vermengen.

Pesto in ein Glas füllen und mithilfe eines Löffels kompakt in das Glas drücken. Noch einmal eine dünne Schicht Öl darauf geben.

Super easy!

Pesto einfach mit gekochten Nudeln vermengen, noch etwas Zitronensaft dazugeben und genießen.

DAS WAR:

Gesamt: 732 kcal | 3 g KH | 19 g EW | 71 g Fett

- 1 GLAS 250 ML -

Grillgemüse-PESTO

ZUBEREITUNGSZEIT: 60 MIN.

DAS WAR: ★★★★★

ZUTATEN

1 rote Paprika
2 Tomaten
1 gelbe Chilischote (o. rot)
2 Knoblauchzehen
etwas Olivenöl
40 g ganze Mandeln, ohne Haut
1 EL Rotweinessig
20 g Semmelbrösel
2 TL Ahornsirup
½ TL Paprikapulver, rosenscharf
½ TL Meersalz
1 Prise Pfeffer, gem.

ZUBEREITUNG

Backofen auf 200°C Umluft aufheizen. Paprika halbieren und entkernen. Tomaten ebenfalls halbieren. Beides in eine Auflaufform legen und mit Olivenöl beträufeln. Chilischote im Ganzen und Knoblauch hinzugeben und alles für ca. 45 Min. im Ofen rösten. Die dunklen Stellen entfernen, von den Chilischoten die Stiele entfernen und Kerne herausschaben.

Mandeln in einer Pfanne ohne Öl rösten, bis sich dunkle Stellen bilden. In den Mixtopf geben und **8 Sek./Stufe 6** hacken. Gegrilltes Gemüse aus dem Ofen zugeben und **8 Sek./Stufe 5** hacken. Restliche Zutaten zugeben, Gareinsatz einsetzen und das Ganze **10 Sek./Stufe 8** pürieren.

Gesamt: 543 kcal | 42 g KH | 15 g EW | 32 g Fett

ZUBEREITUNGSZEIT: 10 MIN.

Tomaten-Mandel-PESTO

- 1 GLAS 250 ML -

ZUTATEN

50 g ganze Mandeln, ohne Haut
2 Knoblauchzehen
½ Bd. Basilikumblätter
½ Bd. glatte Petersilie
1 Tomate (100 g)
1 TL Kapern
50 g Olivenöl
1 Msp. Cayennepfeffer
½ TL Meersalz

ZUBEREITUNG

Mandeln in einer Pfanne ohne Öl rösten, bis sich dunkle Stellen bilden. In den Mixtopf geben und **3 Sek./Stufe 5** hacken. Knoblauch und Kräuter zugeben und **3 Sek./Stufe 8** hacken. Tomate in Stücken zugeben, **5 Sek./Stufe 6** zerkleinern und mit dem Spatel nach unten schieben.

Restliche Zutaten zugeben, Gareinsatz einsetzen und das Ganze **5 Sek./Stufe 7** pürieren.

Gesamt: 769 kcal | 10 g KH | 18 g EW | 74 g Fett

DAS WAR: ★★★★★

DAS WAR: ★★★★★

NUDELSUPPE MIT WÜRSTCHEN

HIER EIGNEN SICH AUCH **Buchstabennudeln, sternchen** USW.

HIER WIRD DAS FRISCHE GEMÜSE IM ANSCHLUSS PÜRIERT! SOMIT HABEN GEMÜSEVERWEIGERER KEINE CHANCE!

ZUBEREITUNGSZEIT: 35 MIN.

ZUTATEN

40 g	Knollensellerie
50 g	Lauch
100 g	Karotten
1 EL	Öl
1.125 g	Wasser, lauwarm
1 EL	Gemüsebrühpulver
1 TL	Salz
1 TL	Sojasauce
150 g	kleine Nudeln
2 Paar	Wiener Würstchen

ZUBEREITUNG

Sellerie, Lauch und Karotten in Stücken in den Mixtopf geben und **5 Sek./Stufe 5** zerkleinern. Mit dem Spatel nach unten schieben. Öl zugeben und **2 Min./Varoma/Stufe 1** dünsten. Wasser, Gemüsebrühpulver, Salz und Sojasauce zugeben und **15 Min./100°C/Stufe 1** kochen.

Im Anschluss **20 Sek./Stufe 10** pürieren. Nudeln zugeben und entsprechend der Garzeit auf der Verpackung zum Beispiel **8 Min./100°C/Stufe 1** kochen.

Wiener in Scheiben schneiden, zugeben und im Mixtopf ca. 5 Min. ziehen lassen.

Pro Portion: 269 kcal | 29 g KH
13 g EW | 11 g Fett

DAS WAR: ★★★★★

Ofengemüse

Etwas Gemüse (Zwiebel, Sellerie, Lauch und Karotten) fein würfeln und auf ein mit Backpapier belegtes Backblech geben. Mit Öl, Salz und Zwiebelgranulat kräftig würzen und im vorgeheizten Backofen bei 180°C Umluft 10-15 Min. garen.

KARTOFFEL SUPPE

Suppeneinlage:
OFENGEMÜSE UND CRÈME FRAÎCHE

ZUBEREITUNGSZEIT: 40 MIN.

ZUTATEN

1	rote Zwiebel
75 g	Knollensellerie
50 g	Lauch
100 g	Karotten
20 g	Butter
600 g	Kartoffeln
1000 g	Wasser, lauwarm
1 EL	Gemüsebrühpulver
1 TL	Salz
2 TL	Majoran, getr.
¼ TL	Muskat, gem.

ZUBEREITUNG

Zwiebel, Sellerie, Lauch und Karotten in Stücken in den Mixtopf geben und **7 Sek./Stufe 5** zerkleinern. Mit dem Spatel nach unten schieben. Butter zugeben und **5 Min./100°C/Stufe 1** dünsten.

Kartoffeln schälen und in kleine Würfel schneiden. Zusammen mit Wasser, Gemüsebrühpulver und Gewürzen in den Mixtopf zugeben und **30 Min./100°C/Sanftrührstufe** kochen. Suppe im Anschluss **30 Sek. /Stufe 8-9** pürieren.

Pro Portion: 121 kcal | 18 g KH
3 g EW | 3 g Fett

ZUBEREITUNGSZEIT: 30 MIN.

Paprika-Mais-Nudeln mit Hähnchen

ZUTATEN

1 Zwiebel, halbiert
1 Knoblauchzehe
1 Stange Sellerie, in Stücken
1 EL Öl
500 g Hähnchenbrustfilet
1 grüne Paprika
1 rote Paprika
175 g Wasser, lauwarm
250 g Kochsahne, 15%
1 kl. Dose Mais (Abtr.gew. 140 g)
50 g Tomatenmark
½ TL Zucker
1 TL Salz
2 TL Gemüsebrühpulver
1 TL Petersilie, getr.
½ TL Kurkuma, gem.
¼ TL Rosmarin, gem.
1 TL Paprikapulver, edelsüß

100 g Doppelrahmfrischkäse
500 g Nudeln (Penne)

ZUBEREITUNG

Zwiebel, Knoblauch und Sellerie in den Mixtopf geben und **5 Sek./Stufe 6** hacken. Mit dem Spatel nach unten schieben. Öl zugeben und **2 Min./Varoma/Stufe 1** dünsten.

Hähnchenbrust in kleine Würfel (3 x 3 cm) schneiden und zugeben. Paprika klein würfeln und zusammen mit den restlichen Zutaten (außer Frischkäse und Nudeln) zugeben und **20 Min./100°C/ /Sanftrührstufe** garen.

In der Zwischenzeit Nudeln kochen.
Nach Garzeitende abgesiebte Nudeln mit dem Mixtopfinhalt und Frischkäse in einer großen Schüssel vermengen und servieren.

Pro Portion: 560 kcal | 70 g KH | 34 g EW | 15 g Fett

DAS WAR: ★★★★★

VEGETARIER ERSETZEN DAS HÄHNCHEN DURCH WEITERES GEMÜSE (Z.B. ZUCCHINI)

FÜR 4 PORTIONEN

Fixe JÄGERSAUCE

FÜR SCHNITZEL, GESCHNETZELTES, SPÄTZLE, KNÖDEL ODER SCHUPFNUDELN

ZUBEREITUNGSZEIT: 15 MIN.

DAS WAR: ★★★★★

Wegen der Röstaromen wird dieses Gericht in der Pfanne gemacht. Wer mag, kann im Thermomix parallel Nudeln dazu kochen.

ZUTATEN

300 g Champignons, weiß o. braun
1-2 EL Butter
1 kl. rote Zwiebel
200 g Sahne
200 g Wasser, lauwarm
1 geh. EL Tomatenmark
1 TL Gemüsebrühpulver
1 EL Sojasauce
1 Prise Salz
1 Prise Pfeffer, gem.

1 EL Speisestärke mit
2 EL Wasser angerührt
nach Belieben etwas Petersilie

ZUBEREITUNG

Champignons in Scheiben schneiden.
Butter in eine Pfanne geben und erhitzen, bis diese sich leicht bräunlich färbt. Champignons zugeben und anbraten. Zwiebel klein würfeln, zugeben und mitbraten. Restliche Zutaten (außer Speisestärkegemisch) zugeben und aufkochen lassen. Ca. 3-5 Min. leicht köcheln lassen.

Speisestärkegemisch zugeben und kurz aufkochen lassen, bis die Sauce andickt. Mit Petersilie bestreuen, fertig!

Pro Portion: 253 kcal | 6 g KH | 4 g EW | 24 g Fett

DAS WAR:

★★★★★

ZUBEREITUNGSZEIT:
5 MIN.

ZU FISCH: Honig-Senf-SAUCE

ZUTATEN

200 g Schmand
150 g Crème fraîche
80 g Wasser
1 TL Gemüsebrühpulver
1 Handvoll Dill, gehackt
25 g Senf, mittelscharf
20 g Honig
½ TL Salz
¼ TL Pfeffer, gem.
1 TL Zitronensaft

ZUBEREITUNG

Alle Zutaten in einer Schüssel verrühren, fertig! Die Sauce kann kalt oder warm serviert werden. Zum Erhitzen alles in den Mixtopf geben und **4 Min./80°C/Stufe 1** erwärmen.

DIE SAUCE SCHMECKT KALT O. WARM ZU BACKFISCH O. FISCHSTÄBCHEN

Pro Portion (6): 173 kcal | 5 g KH | 2 g EW | 16 g Fe

DAS WAR:

ZUBEREITUNGSZEIT:
10 MIN.

ZU SPÄTZLE & KNÖDEL: RAHMSAUCE

ZUTATEN

25 g	Butter
25 g	Weizenmehl, Type 405
250 g	Wasser, lauwarm
2 TL	Instant-Fleischbrühe
1-2 TL	Tomatenmark
1 TL	Sojasauce
125 g	Sahne
etwas	Salz & Pfeffer

ZUBEREITUNG

Butter in den Mixtopf geben und **2 Min./100°C/Stufe 1** erhitzen. Mehl zugeben und **2 Min./100°C/Stufe 2** anschwitzen. Restliche Zutaten zugeben und **4 Min./80°C/Stufe 3** erwärmen. Fertig!

Pro Portion (4): 170 kcal | 7 g KH | 2 g EW | 15 g Fett

ZUBEREITUNGSZEIT: 25 MIN.

PORTIONEN 3

CREMIGER KARTOFFELBREI

EGAL OB ZU FISCHSTÄBCHEN, FRIKADELLEN ODER HACKBÄLLCHEN. KARTOFFELBREI IST BEI GROSS UND KLEIN BELIEBT UND IST AUCH **ruck zuck fertig!**

ZUTATEN

600 g Kartoffeln, mehlig kochend
800 g Wasser, lauwarm
1 TL Salz

60 g Milch, 1,5%
40 g Butter
¼ TL Muskat, gem.
½ TL Salz

ZUBEREITUNG

Kartoffeln schälen, in kleine Stücke schneiden und in den Gareinsatz geben. Wasser und Salz in den Mixtopf geben und Gareinsatz einhängen. Kartoffeln nun **22 Min./Varoma/Sanftrührstufe** garen.

Nach Garzeitende Gareinsatz mit Kartoffeln herausnehmen und Mixtopf leeren. Kartoffeln in den Mixtopf sowie restliche Zutaten zugeben und **4 Sek./Stufe 4** zerkleinern. Noch einmal **4 Sek./Stufe 4** mixen. Mit dem Spatel verrühren und weitere **10 Sek./Stufe 5** mixen. Noch einmal mit dem Spatel verrühren und **4 Sek./Stufe 5** fertig mixen.

DAS WAR: ☆☆☆☆☆

Pro Portion: 252 kcal | 30 g KH | 5 g EW | 12 g Fett

Zubereitungszeit: 30 Min.

Portionen 6

Vom Blech: Kartoffel Wedges

Zu den Wedges passt sehr gut Zaziki oder Kräuterquark! Meine Kinder essen die Wedges am liebsten mit Ketchup.

Zutaten

2 kg Kartoffeln

1 EL Paprikapulver, edelsüß
1 EL Salz
1 EL Zwiebeln, granuliert
1 TL Oregano, getr.
1 TL Rosmarin, gem.
4 EL Öl

Zubereitung

Kartoffeln schälen und in Spalten schneiden. Alle Gewürze gut vermengen und mit dem Öl anrühren.

Kartoffel-Wedges mit der Würzmischung in einer Schüssel marinieren und auf ein mit Backpapier belegtes Backblech geben. Im vorgeheizten Backofen bei 200°C Umluft für ca. 20 Min. goldbraun backen.

Das war:

Pro Portion: 308 kcal | 51 g KH | 7 g EW | 7 g Fett

ZUBEREITUNGSZEIT: 15 MIN.
+ BACKZEIT: 45 MIN.

WIR ESSEN ZUM KARTOFFELGRATIN MEISTENS EINEN GRÜNEN SALAT!

EINFACHES KARTOFFEL GRATIN

ZUTATEN

1,5 kg Kartoffeln
400 g Sahne
etwas Salz, Pfeffer & Muskat, gem.
150-200 g geriebener Käse (z.B. Mozzarella, Gouda o. Emmentaler)

Zubehör: Auflaufform (25 x 32 cm)

ZUBEREITUNG

Backofen auf 175°C Umluft vorheizen. Kartoffeln schälen und in ca. 4-5 mm dünne Scheiben hobeln.

Eine Auflaufform mit einer Lage der Kartoffelscheiben auslegen. Mit Salz, Pfeffer und Muskat würzen. Mit etwas Sahne begießen. Nächste Schicht Kartoffeln, wieder würzen und wieder mit Sahne begießen. So lange wiederholen, bis alle Scheiben aufgebraucht sind.

Mit Käse bestreuen und im vorgeheizten Backofen ca. 45 Min. garen.

Pro Portion: 490 kcal | 39 g KH | 15 g EW | 29 g Fett

DAS WAR: ★★★★★

HIER KÖNNT IHR KLEINE UND GROSSE KARTOFFEL-
SCHEIBEN DICHT GEDRÄNGT ANEINANDER ZEICHNEN.
WER MÖCHTE, MALT DEN SCHEIBEN NOCH EIN LUSTIGES
GESICHT. ODER EINEN BART? EINE BRILLE?
TOBT EUCH AUS!

FÜR 4 PORTIONEN

ZUBEREITUNGSZEIT: 10 MIN.
+ BACKZEIT: 20 MIN.

ÜBERBACKENE MINIKNÖDEL mit Sahnesauce

ZUTATEN

2 P. Mini-Knödel (à 400 g, z.B. von Pfanni)
1 kl. Zwiebel, halbiert
1 Knoblauchzehe
25 g Butter
20 g Weizenmehl, Type 405
250 g Kochsahne, 15%
275 g Milch, 1,5%
1 gestr. TL Salz
¼ TL Paprikapulver, rosenscharf
1 TL Thymian, getr.
1 TL Gemüsebrühpulver
100 g geriebener Gouda

Zubehör: Auflaufform (20 x 25 cm)

ZUBEREITUNG

Backofen auf 180°C Umluft vorheizen. Knödel in eine Auflaufform geben.

Zwiebel und Knoblauch im Mixtopf **5 Sek./Stufe 5** hacken. Mit dem Spatel nach unten schieben. Butter zugeben und **2 Min./100°C/Stufe 1** schmelzen.

Mehl zugeben und **1 Min./100°C/Stufe 1** anschwitzen. Restliche Zutaten (außer Käse) zugeben und **4 Min./90°C/Stufe 3** erhitzen.

Sauce über die Knödel gießen und mit Käse bestreuen. Im vorgeheizten Backofen ca. 20 Min. überbacken.

NATÜRLICH KANN MAN KNÖDEL AUCH SELBST HERSTELLEN. ABER NACH EINEM STRESSIGEN TAG IST DIESES GERICHT MIT NUR 10 MIN. ARBEITSZEIT EINFACH PERFEKT!

DAS WAR: ★★★★★

Pro Portion: 712 kcal | 80 g KH | 18 g EW | 34 g Fett

Knödel-Rätsel

Wie viele Knödel haben sich hier versteckt? Könnt ihr sie zählen?

ERGEBNIS:

FÜR 6 PORTIONEN
FÜR DEN GANZ GROSSEN HUNGER
verdoppeln
VEGETARIER ERSETZEN SCHINKEN DURCH KLEINE BROKKOLIRÖSCHEN. DIESE BITTE VORKOCHEN!

ZUBEREITUNGSZEIT: 15 MIN.
+ BACKZEIT: 15 MIN.

DAS WAR:

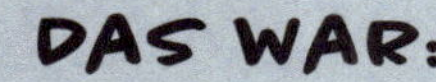

SCHINKEN-Champignon-SPÄTZLE

ZUTATEN

500 g frische Eierspätzle (Kühltheke)
3 Champignons (60-70 g)
150 g Kochschinken
100 g geriebener Käse, nach Wahl*

FÜR DIE SAUCE

1 rote Zwiebel, halbiert
20 g Butter
1 TL Tomatenmark
150 g Kochsahne, 15%
180 g Wasser, lauwarm
1 Ecke Sahneschmelzkäse (25 g)
1 EL Speisestärke
½ TL Zucker
¾ TL Salz
¼ TL Pfeffer, gem.
1 geh. TL Gemüsebrühpulver
½ TL Paprikapulver, edelsüß
1 EL frische Schnittlauchröllchen

Zubehör: Auflaufform (20 x 25 cm)

ZUBEREITUNG

Backofen auf 200°C Umluft vorheizen. Spätzle in eine Auflaufform geben. Schinken in Würfel und Champignons in feine Scheiben schneiden. Mit den Spätzle vermengen.

Für die Sauce Zwiebel in den Mixtopf geben und **5 Sek./Stufe 5** zerkleinern. Mit dem Spatel nach unten schieben. Butter zugeben und **3 Min./100°C/Stufe 1** dünsten. Restliche Zutaten für die Sauce zugeben und **4 Min./80°C/Stufe 4** erhitzen. Sauce über die Spätzle geben, vermengen und mit Käse bestreuen. Im vorgeheizten Backofen ca. 15 Min. überbacken.

Tipp

***KÄSE SELBER REIBEN:**
In Stücken in den Mixtopf geben und **15 Sek./Stufe 5** reiben. Fertig!

Pro Portion: 328 kcal | 29 g KH | 15 g EW | 16 g Fett

FÜR 4 PORTIONEN

Beilagen TIPP

ALS BEILAGE EMPFEHLE ICH TAGLIATELLE ODER BAGUETTE MIT SALAT.

ZUBEREITUNGSZEIT: 15 MIN.
+ BACKZEIT: 25-30 MIN.

DAS WAR: ☆☆☆☆☆

HÄHNCHEN Caprese

ZUTATEN

4	Hähnchenbrustfilets (800 g)
etwas	Salz & Pfeffer
etwas	Öl zum Braten
250 g	Cocktailtomaten
125 g	Mozzarella

FÜR DIE SAUCE

1	kl. rote Zwiebel, halbiert
1	kl. Knoblauchzehe
8-10	Basilikumblätter
200 g	Kochsahne, 15%
100 g	Sahneschmelzkäse
1 TL	ital. Kräuter, getr.
½ TL	Gemüsebrühpulver

Zubehör: Auflaufform (25 cm x 30 cm)

ZUBEREITUNG

Hähnchenbrust mit Salz und Pfeffer würzen und in einer Pfanne mit etwas Öl kurz bei großer Hitze anbraten. Nur anbraten, nicht durchbraten! Hähnchenbrust in eine Auflaufform geben. Cocktailtomaten halbieren und zwischen dem Fleisch verteilen. Mozzarella in Scheiben schneiden und beiseitelegen.

Für die Sauce Zwiebel, Knoblauch und Basilikum **5 Sek./Stufe 5** hacken. Restliche Zutaten zugeben und **4 Min./90°C/Stufe 2** erhitzen. Sauce über das Fleisch gießen, mit Mozzarellascheiben belegen und im vorgeheizten Backofen bei 175°C Umluft 25-30 Min. backen.

TIPP

Auch lecker mit Fisch, z.B. Seelachs. Dieser muss vorher nicht angebraten werden.

Pro Portion: 480 kcal | 8 g KH | 55 g EW | 25 g Fett

Tipp

Wer möchte, kann noch eine kleine Dose Gemüsemais mit den Würstchen zugeben.

ZUBEREITUNGSZEIT: 20 MIN.

DAS WAR:

KARTOFFEL-WÜRSTCHENTOPF

ZUTATEN

1	Knoblauchzehe
1	rote Zwiebel
25 g	Butter
350 g	Kartoffeln, festk.
100 g	Milch, 1,5%
120 g	passierte Tomaten
100 g	Sahne
1 TL	Pizzagewürz
1 TL	Gemüsebrühpulver
1 Msp.	Pfeffer, gem.
½ TL	Salz
1 TL	Apfelessig
2 Paar	Wiener Würstchen
25 g	Tomatenmark

LÄSST SICH PRIMA AUFWÄRMEN.

ZUBEREITUNG

Knoblauch und Zwiebel **5 Sek./Stufe 5** zerkleinern. Mit dem Spatel nach unten schieben. Butter zugeben und **2 Min./100°C/Stufe 1** dünsten. Kartoffeln schälen und in kleine Würfel schneiden. Zusammen mit der Milch zugeben und **5 Min./100°C/ ⟲ /Sanftrührstufe** vorgaren.

Passierte Tomaten, Sahne, Gewürze und Essig zugeben und weitere **5 Min./100°C/ ⟲ /Sanftrührstufe** garen.

Zum Schluss Würstchen in Scheiben schneiden und zusammen mit dem Tomatenmark zugeben. Noch einmal **5 Min./100°C/ ⟲ /Sanftrührstufe** garen.

TIPP

Wer Nudelreste vom Vortag hat, kann den Würstchentopf auch ohne Kartoffeln kochen und zum Schluss die Nudeln unterrühren. Achtung! Die Nudeln vorher noch einmal kurz erwärmen.

Pro Portion: 320 kcal | 20 g KH | 12 g EW | 21 g Fett

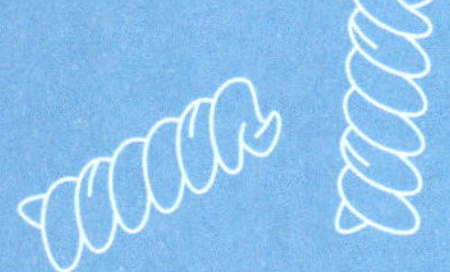

FÜR 6 PORTIONEN

ZUBEREITUNGSZEIT: 20 MIN.
+ BACKZEIT: 20 MIN.

AUS DEM OFEN:
HÄHNCHEN
in Frischkäsesauce

ZUTATEN

700 g	Hähnchenbrust-Innenfilets
150 g	Serrano-Schinken
etwas	Öl zum Anbraten
200 g	Cocktailtomaten
1 große	Handvoll Blattspinat

Zubehör: Auflaufform (25 x 32 cm)

FÜR DIE SAUCE

1	Zwiebel, halbiert
2	Knoblauchzehen
25 g	Butter
300 g	Wasser, lauwarm
1 EL	Geflügelbrühe, Instant
175 g	Kräuterfrischkäse
60 g	geriebener Parmesan
½ TL	Pfeffer, gem.
½ TL	Paprikapulver, edelsüß

Pro Portion: 340 kcal | 3 g KH | 42 g EW | 18 g Fett

Beilagen TIPP

ALS BEILAGE EMPFEHLE ICH NUDELN ODER ROSMARINKARTOFFELN VON SEITE 55.

DAS WAR: ★★★★★

ZUBEREITUNG

Hähnchenfilets mit Schinken umwickeln und in einer Pfanne mit Öl anbraten (müssen nicht durchgebraten sein). Cocktailtomaten halbieren und Spinat grob hacken. Backofen auf 180°C Umluft vorheizen.

Zwiebel und Knoblauch im Mixtopf **5 Sek./Stufe 5** zerkleinern und mit dem Spatel nach unten schieben. Butter zugeben und **2 Min./100°C/Stufe 1** dünsten. Restliche Zutaten für die Sauce zugeben und **4 Min./90°C/Stufe 2** erhitzen. Spinat zugeben und **1 Min./90°C/Sanftrührstufe** garen.

Sauce in eine große Auflaufform gießen und die gebratenen Hähnchenfilets darauf geben. Cocktailtomaten darüber verteilen und das Ganze im vorgeheizten Backofen ca. 20 Min. backen.

TOLLES PARTYGERICHT!

Eignet sich ideal für Gäste, da man das Gericht prima vorbereiten kann. Wenn die Gäste das sind, ab in den Ofen damit.

Kommt das Gericht aus dem Kühlschrank, sollte die Garzeit um 5-10 Min. verlängert werden.

FÜR 6 PORTIONEN
FÜR DEN GANZ GROSSEN HUNGER
verdoppeln

ZUBEREITUNGSZEIT: 20 MIN.
+ BACKZEIT: 20 MIN.

DAS WAR:

Brokkoli-Nudel-AUFLAUF

ZUTATEN

500 g Nudeln, nach Wahl (Garzeit 9-12 Min.)
1 Brokkoli
1 P. Feta-Miniwürfel (135 g)
150 g geriebener Käse, nach Wahl*

FÜR DIE SAUCE

1 Zwiebel, halbiert
1 Knoblauchzehe
1 EL Öl
200 g Sahne
150 g Schmand
½ TL Paprikapulver, edelsüß
¼ TL Muskat, gem.
1 TL Salz
¼ TL Pfeffer, gem.
1 TL Gemüsebrühpulver
250 g Milch, 1,5%
1 leicht geh. EL Speisestärke

Zubehör: Auflaufform (25 x 32 cm)

ZUBEREITUNG

Backofen auf 200°C Umluft vorheizen.
Brokkoli in kleine Röschen teilen.
Nudeln und Brokkoliröschen in Salzwasser ca. 6-8 Min. vorgaren, absieben und anschließend in eine Auflaufform geben. Fetawürfelchen darüber streuen.

Für die Sauce Zwiebel und Knoblauch in den Mixtopf geben und **5 Sek./Stufe 5** zerkleinern. Mit dem Spatel nach unten schieben. Öl zugeben und **2 Min./Varoma/Stufe 1** dünsten. Restliche Zutaten für die Sauce zugeben und **4 Min./90°C/Stufe 3** erhitzen. Sauce über Nudeln und Brokkoli gießen, vermengen und mit Käse bestreuen. Im vorgeheizten Backofen ca. 20 Min. überbacken.

TIPP:

***KÄSE SELBER REIBEN:**
In Stücken in den Mixtopf geben und **15 Sek./Stufe 5** reiben. Fertig!

Pro Portion: 681 kcal | 69 g KH | 27 g EW | 32 g Fett

DIESE SEITE GEHÖRT NUR EUCH KINDERN…

ALSO RAN AN DEN STIFT UND MALT… KRITZELT… ODER SCHREIBT EINFACH DRAUF LOS

ZUBEREITUNGSZEIT: 15 MIN.

Knusprige CHICKENSTICKS

ZUTATEN

2	Hähnchen- oder Putenschnitzel (à 125 g)
1	Ei
4 EL	Panko Paniermehl*
2 EL	geriebener Parmesan
1 EL	Speisestärke
1 TL	Salz
1 TL	Paprikapulver, edelsüß
3 EL	Mandelblättchen
2 TL	Zwiebeln, granuliert
1 EL	Öl zum Braten

ZUBEREITUNG

Putenschnitzel in fingerdicke Streifen schneiden. Ei in einem tiefen Teller aufschlagen und mit der Gabel verquirlen. Restliche Zutaten vermischen und ebenso in einen tiefen Teller geben.

Nun die Putenstreifen zuerst in Ei tauchen und dann in der Panademischung wälzen. In einer Pfanne mit Fett knusprig braten. Fertig!

KNUSPRIGE HÄHNCHENSTICKS SIND BESONDERS BEI DEN KIDS VOLL IM RENNEN. EIN TOLLES ESSEN AUCH FÜR DEN NÄCHSTEN KINDERGEBURTSTAG. DIE STICKS SOWIE AUCH DIE NUGGETS EINFACH VORHER SCHON ZUBEREITEN UND DANN IM OFEN BEI 180°C NOCH EINMAL 5–10 MIN. ERWÄRMEN.

Pro Stück: 59 kcal | 3 g KH | 6 g EW | 3 g Fett

*findet man im Supermarkt meist in der Asia-Abteilung

FÜR 25 STÜCK

ZUBEREITUNGSZEIT: 20 MIN.

Crispy CHICKEN NUGGETS

EIGNET SICH AUCH FÜR CRISPY CHICKENBURGER HIERZU DIE MASSE ZU PATTIES FORMEN.

ZUTATEN

500 g Hähnchenbrustfilet
1 Scheibe Toast
etwas Milch, 1,5%
1 Ei
etwas Salz & Pfeffer
50 g Cornflakes, ungesüßt
30 g Paniermehl/Semmelbrösel
1 EL Öl zum Braten

DAS WAR:

ZUBEREITUNG

Hähnchenbrust in Stücken in den Mixtopf geben und **5 Sek./Stufe 7** zerkleinern. Toast 1 Min. lang in Milch einweichen, ausdrücken und zugeben. Ei, etwas Salz und Pfeffer zugeben und **8 Sek./Stufe 5** mixen.

Cornflakes mit den Händen grob zerbröseln und mit Paniermehl mischen. Auf einen tiefen Teller geben. Von der Hähnchenmasse nun mit feuchten Händen kleine Stücke abnehmen und beide Seiten in die Cornflakesmischung drücken. In einer beschichteten Pfanne mit Öl knusprig braten.

Pro Stück: 41 kcal | 3 g KH | 5 g EW | 1 g Fett

HACKBÄLLCHEN + Frikadellen

30 BÄLLCHEN ODER 10 FRIKADELLEN

ZUTATEN

1	Zwiebel, halbiert
1	Knoblauchzehe
1 Handvoll	Petersilie
800 g	Hackfleisch, gemischt
2	Eier
20 g	Panko Paniermehl (altern. Paniermehl)
2 TL	Salz
1 TL	Senf, mittelscharf
1 TL	Tomatenmark
½ TL	Pfeffer, gem.
3 EL	Öl zum Braten

ZUBEREITUNG

Zwiebel, Knoblauch und Petersilie im Mixtopf **5 Sek./Stufe 5** hacken. Restliche Zutaten zugeben und **1:30 Min./Teigstufe** vermengen.

Aus der Masse Bällchen oder Frikadellen formen. In einer Pfanne mit heißem Öl oder Butterschmalz bei mittlerer Hitze 6-8 Min. braten. Erst wenden, wenn sie auf der Unterseite schön knusprig gebraten sind.

DAZU PASST AUCH GUT ALS BEILAGE DER KARTOFFELBREI VON SEITE 142

DAS WAR: ☆☆☆☆☆

Pro Bällchen: 70 kcal | 1 g KH | 5 g EW | 6 g Fett
Pro Frikadelle: 211 kcal | 3 g KH | 16 g EW | 18 g Fett

ZUBEREITUNGSZEIT: 35 MIN.

PORTIONEN 6

Wikinger TOPF

DAS WAR:

Pro Portion: 666 kcal | 20 g KH | 35 g EW | 54 g Fett

ZUTATEN

1	Zwiebel, halbiert
25 g	Butter
30 g	Weizenmehl, Type 405
300 g	Sahne
300 g	Milch, 1,5%
80 g	Sahneschmelzkäse
1 TL	Zitronensaft
1 gestr. EL	Gemüsebrühpulver
1 TL	Salz
¼ TL	Pfeffer, gem.
1 TL	Zucker
¼ TL	Muskat, gem.

1 gr. Dose feine Möhrchen & Erbsen (Abtr.gew. 530 g)

1 Handvoll Petersilie, gehackt

ZUBEREITUNG

Hackbällchen wie Seite 162 beschrieben zubereiten und anbraten. Zwiebel in den Mixtopf geben und **5 Sek./Stufe 5** zerkleinern. Butter zugeben und **2 Min./100°C/Stufe 1** andünsten. Mehl zugeben und **1 Min./100°C/Stufe 1** anschwitzen. Restliche Zutaten (außer Möhrchen & Erbsen) zugeben und **6-8 Min./90°C/Stufe 3** andicken. Sobald die Temperatur erreicht ist, Thermomix stoppen.

Möhrchen und Erbsen zugeben und mit dem Spatel vermengen. Zu den Hackbällchen in die heiße Pfanne geben und kurz aufkochen lassen.
Mit Petersilie bestreut servieren.

ZUBEREITUNGSZEIT: 35 MIN.

Köttbullar

ZUTATEN

300 g Champignons, weiß o. braun
80 g Apfel, geschält
200 g Sahne
400 g Wasser, lauwarm
1 TL Salz
1 Prise Pfeffer, frisch gem.
2 TL Gemüsebrühpulver
¼ TL Muskat, gem.
2 TL Tomatenmark
2 TL Senf, mittelscharf
2 EL Speisestärke

ZUBEREITUNG

Hackbällchen wie Seite 162 beschrieben zubereiten und anbraten. Champignons putzen, in Scheiben schneiden und ebenso in der Pfanne anbraten.

Apfel im Mixtopf **5 Sek./Stufe 5** zerkleinern. Restliche Zutaten für die Sauce zugeben und **6-8 Min./90°C/Stufe 3** erhitzen. Sobald die Temperatur erreicht ist, Thermomix stoppen. Sauce mit in die Pfanne geben und kurz aufkochen lassen. Fertig!

Pro Portion: 488 kcal | 11 g KH | 29 g EW | 41 g Fett

DAS WAR:

OFEN-BÄLLCHEN MIT GOUDA

PORTIONEN 6

ZUBEREITUNGSZEIT: 25 MIN.
+ BACKZEIT: 25-30 MIN.

ZUTATEN

1	Knoblauchzehe
1	kl. Zwiebel, halbiert
400 g	Wasser, lauwarm
200 g	Kochsahne, 15%
125 g	Tomatenmark
30 g	Paprikamark
2 TL	Kräutersalz
2 TL	ital. Kräuter, getr.
2 TL	Zucker
2 TL	Paprikapulver, edelsüß
40 g	Reismehl
2 TL	Honig
1 TL	Salz

4 Scheiben Gouda (100 g)

Zubehör: Auflaufform (25 x 35 cm)

ZUBEREITUNG

Backofen auf 200°C Ober-/Unterhitze (Umluft 180°C) vorheizen. Hackbällchenmasse wie Seite 162 beschrieben zubereiten und ohne anzubraten in eine Auflaufform legen.

Knoblauch und Zwiebel in den Mixtopf geben und **5 Sek./Stufe 5** zerkleinern. Restliche Zutaten (außer Gouda) zugeben und **6-8 Min./90°C/Stufe 3** andicken. Sobald die Temperatur erreicht ist, Thermomix stoppen.

Die Sauce über die Hackbällchen geben. Gouda in 30 Stücke schneiden und auf jedes Hackbällchen ein Stück Käse legen. Im vorgeheizten Backofen 25-30 Min. backen.

Pro Portion: 542 kcal | 18 g KH | 35 g EW | 42 g Fett

FÜR 6 PORTIONEN

ZUBEREITUNGSZEIT GEMÜSE: 35 MIN.

KAROTTEN-KOHLRABI-

REZEPT FÜR FRIKADELLEN SIEHE S. 162

PERFEKT ZU FRIKADELLEN

ZUTATEN

3	Karotten (300 g)
1	Kohlrabi (400 g)
25 g	Butter
25 g	Weizenmehl, Type 405
200 g	Wasser, lauwarm
60 g	Sahne
60 g	Milch, 1,5%
½ TL	Zucker
1 TL	Gemüsebrühpulver
1 TL	Salz
¼ TL	Muskat, gem.
2 Msp.	Pfeffer, gem.

ZUBEREITUNG

Karotten und Kohlrabi schälen und in Stifte schneiden.

Butter im Mixtopf **2 Min./100°C/Stufe 1** schmelzen. Mehl zugeben und **2 Min./100°C/Stufe 2** anschwitzen. Gemüse sowie restliche Zutaten zugeben und **20-25 Min./100°C/Sanftrührstufe** kochen. Nach 20 Min. prüfen, ob das Gemüse bereits gar ist. Falls nicht, weitere 5 Min. kochen.

Wenn ihr Frikadellen dazu servieren möchtet, müsst ihr erst die Masse für die Frikadellen im Mixtopf zubereiten (s. Seite 162). Mixtopf spülen. Dann könnt ihr das Karotten-Kohlrabi-Gemüse wie angegeben zubereiten und während der Garzeit, die Frikadellen in einer Pfanne braten.

Pro Portion: 475 kcal | 14 g KH | 30 g EW | 38 g Fett

Zucchini-Paprika GEMÜSE

ZUBEREITUNGSZEIT: 10 MIN.
+ KOCHZEIT: 30 MIN.

IDEAL FÜR EIN **schnelles Essen** AUF VORRAT

WIR LIEBEN ES...

Diese Sauce hat meine Oma auch schon gekocht! Superlecker und schnell gemacht!

Man kann sie kalt z.B. zum Grillen auf den Tisch stellen oder erhitzen z.B. zu Schaschlik. Auch toll: Einfach etwas Fleisch nach Wahl in einer Pfanne anbraten, Sauce darüber geben und mit Reis servieren. Genial!

Tipp

HÄLT SICH VERSCHLOSSEN MIND. 3-4 MONATE

FÜR EINE LÄNGERE HALTBARKEIT KANN MAN DAS GEMÜSE AUCH EINKOCHEN.

Pro Glas: 458 kcal | 43 g KH | 5 g EW | 29 g Fett

ERGIBT 4 GLÄSER
à 350 ml

ZUTATEN

4	Paprikaschoten (500 g) (rot, gelb, grün und orange)
250 g	Zucchini
275 g	Zwiebeln, halbiert
1	Knoblauchzehe
120 g	Öl (z.B. Sonnenblumenöl)
500 g	Tomatenketchup
1 TL	Worcester Sauce
1 TL	Salz
1 TL	Currypulver

ZUBEREITUNG

Paprika und Zucchini klein würfeln. Zwiebeln und Knoblauch in den Mixtopf geben und **3 Sek./Stufe 5** zerkleinern. Alle restlichen Zutaten zugeben, mit dem Spatel alles gut vermengen und **30 Min./100°C/ ⟲ /Stufe 1** kochen.

Danach in heiß ausgespülte Schraubgläser füllen und verschließen. Kühl und dunkel lagern.

Etiketten zum Download

Findest du bei uns im Shop unter: www.mixgenuss.de/Kostenlose-Downloads

DAS WAR: ☆☆☆☆☆

ZUBEREITUNGSZEIT: 20 MIN.

ZUTATEN

1	rote Zwiebel, halbiert
1 Handvoll Petersilie	
20 g	Butter
160 g	Milch, 1,5%
¼ TL	Paprikapulver, rosenscharf
1 TL	Zwiebel, granuliert
1 TL	Salz
2 Msp.	Muskat, gem.
¼ TL	Pfeffer, gem.
¼ TL	Currypulver
3	Eier
250 g	Knödelbrot
100 g	würziger Bergkäse
etwas	Butter zum Anbraten

ZUBEREITUNG

Zwiebel und Petersilie in den Mixtopf geben und **5 Sek./Stufe 5** zerkleinern. Butter, Milch und Gewürze zugeben und **2 Min./60°C/Stufe 2** erwärmen.

In der Zwischenzeit Käse in kleine Würfelchen schneiden. Eier und Knödelbrot in eine große Schüssel geben. Mit der warmen Flüssigkeit aus dem Mixtopf übergießen und mit den Händen gut vermengen. Käsewürfel zugeben und unterkneten.

Aus der Masse Knödel formen und diese flach drücken. In einer Pfanne mit heißer Butter von beiden Seiten goldbraun braten.

Pro Knödel: 160 kcal | 18 g KH | 8 g EW | 6 g Fett

DAS WAR:
★★★★★
Lecker zu Salat!
DAZU PASST AUCH SEHR GUT DIE JÄGERSAUCE VON SEITE 138!

FÜR 4 PORTIONEN

DIESES REZEPT IST
Vegan

HOKKAIDOKÜRBIS MUSS NICHT GESCHÄLT WERDEN!

One Pot Gericht!

Pro Portion: 466 kcal | 44 g KH | 16 g EW | 24 g Fett

ZUBEREITUNGSZEIT: 35 MIN.
+ KOCHZEIT: 25 MIN.

DAS WAR:

Kürbis-Linsen-TOPF

ZUTATEN

175 g	Berglinsen
800 g	Wasser, lauwarm
1	kl. Hokkaidokürbis
1	kl. Zwiebel, halbiert
1	kl. Chilischote, entkernt
1 EL	Olivenöl
1 Dose	passierte Tomaten (400 g)
325 g	Wasser, lauwarm
1 Dose	Kokosmilch (400 g)
2 TL	Gemüsebrühpulver
2 TL	Salz
1 TL	Sojasauce
1 TL	Currypulver
1 TL	Chiliflocken
1 TL	Agavendicksaft*
1 TL	Limettensaft

* man kann auch Honig verwenden, dann ist es aber nicht mehr vegan.

ZUBEREITUNG

Linsen und Wasser in den Mixtopf geben und **30 Min./100°C/Sanftrührstufe** garen. In der Zwischenzeit Kürbis in Würfel schneiden. Es werden 600 g benötigt. Nach Garzeitende Linsen absieben und beiseitestellen.

Zwiebel und Chili im Mixtopf **5 Sek./Stufe 5** hacken. Mit dem Spatel nach unten schieben. Olivenöl zugeben und **2 Min./Varoma/Stufe 1** garen. Kürbis und restliche Zutaten (außer Linsen) hinzufügen und **25 Min./100°C/Sanftrührstufe** garen.

Nun die Linsen in den Mixtopf geben, mit dem Spatel unterrühren und kurz ziehen lassen.

Tipp

Damit sich der Kürbis leichter schneiden lässt, einfach vorher bei 700 Watt 3-4 Min. in die Mikrowelle geben.

FÜR 4 PORTIONEN
WER MÖCHTE, KANN NOCH FRISCHE SPROSSEN DAZU SERVIEREN!
FÜR DEN GANZ GROSSEN HUNGER
verdoppeln

ZUBEREITUNGSZEIT: 25 MIN.

DAS WAR: ☆☆☆☆☆

Gemüse PAD THAI

ZUTATEN

125 g Reisnudeln
1 kl. Zucchini
1 Karotte
1 rote Paprika
1 rote Zwiebel
1-2 Frühlingszwiebeln
1 Handvoll Erdnüsse
1 Glas Sojasprossen-Keimlinge (Abtr.gew. 175 g)
etwas Öl zum Anbraten
etwas Salz & Pfeffer

FÜR DIE SAUCE

1 Knoblauchzehe
1 rote Chilischote, entkernt
1 Handvoll frischer Koriander
50 g Tamarindenpaste
1 EL Wasser
25 g Fischsauce
1 geh. EL Palmzucker
2 EL Sojasauce
1 TL Limettensaft
½ TL Chiliflocken

ZUBEREITUNG

Reisnudeln in eine Schüssel geben und mit kochendem Wasser übergießen. 15 Min. quellen lassen.

Gemüse nach Belieben klein schneiden. Erdnüsse hacken. Sojasprossen absieben und waschen.

Für die Sauce Knoblauch, Chili und Koriander **5 Sek./Stufe 7** hacken. Restliche Zutaten für die Sauce zugeben und **10 Sek./Stufe 4** mixen.

Zucchini, Karotte, Paprika und Zwiebel in einer Pfanne mit Öl anbraten. Abgesiebte Nudeln sowie Sauce zugeben und gut vermengen. Frühlingszwiebeln und Sojasprossen unterheben und das Ganze mit Salz & Pfeffer abschmecken. Mit Erdnüssen bestreut servieren.

TIPP

Wer mag, kann etwas gebratenes Putenfleisch oder gebratenen Tofu zugeben. Auch gebratene Garnelen passen hervorragend. Wer es lieber cremiger mag, kann die Saucenmenge gerne verdoppeln.

Pro Portion: 288 kcal | 45 g KH | 11 g EW | 7 g Fett

Pro Portion: 603 kcal | 58 g KH | 20 g EW | 32 g Fett

ZUBEREITUNGSZEIT: 45 MIN.
+ BACKZEIT: 35 MIN.

DAS WAR:

Kürbis-Cannelloni

ZUTATEN

1 Hokkaidokürbis
100 g geriebener Mozzarella
14-15 Cannelloni

FÜR DIE FÜLLUNG

1 rote Zwiebel, halbiert
1 Knoblauchzehe
20 g Öl
175 g Doppelrahmfrischkäse
1 TL Gemüsebrühpulver
½ TL Salz
1 TL ital. Kräuter
¼ TL Pfeffer, gem.
¼ TL Muskat, gem.

FÜR DIE SAUCE

400 g passierte Tomaten
400 g stückige Tomaten
100 g Wasser, lauwarm
100 g Sahne
1 TL Gemüsebrühpulver
½ TL Salz
1 TL ital. Kräuter
¼ TL Pfeffer, gem.
1 TL Majoran, getr.
½ TL Paprikapulver, rosenscharf

Zubhör: Auflaufform (30 x 30 cm)

ZUBEREITUNG

Kürbis im Ganzen auf ein Backblech legen und in den Ofen geben. Bei 180°C Umluft 30 Min. vorgaren. Kürbis etwas abkühlen lassen und vierteln. Kerne entfernen.

Zwiebel und Knoblauch in den Mixtopf geben und **5 Sek./Stufe 5** zerkleinern. ⅔ vom Kürbis in grobe Stücke schneiden und zugeben, erneut **5 Sek./Stufe 5** zerkleinern. Öl zugeben und **5 Min./100°C/Stufe 0.5** dünsten. Restliche Zutaten für die Füllung zugeben und **20 Sek./Stufe 4** pürieren. Masse mithilfe eines Spritzbeutels in die Cannelloni spritzen und in eine Auflaufform legen.

Mixtopf nicht spülen, sondern Zutaten für die Sauce zufügen und **10 Sek./Stufe 3** vermengen. Restlichen Kürbis in Würfel schneiden und zusammen mit der Sauce über die Cannelloni geben. Mit Käse bestreuen und im vorgeheizten Backofen ca. 35 Min. garen.

FÜR 6 PORTIONEN

Nudel-Schinken-GRATIN Hawaii

VEGETARIER ERSETZEN SCHINKEN DURCH KLEINE ROTE PAPRIKAWÜRFEL.

Pro Portion: 854 kcal | 81 g KH | 29 g EW | 45 g Fett

ZUBEREITUNGSZEIT: 10 MIN.
+ BACKZEIT: 35-40 MIN.

DAS WAR:

Für die ganze Familie!

ZUTATEN

500 g Nudeln (z.B. Tortiglioni)
200 g Kochschinken
400 g Ananas (frisch o. Dose)
200 g Käse (z.B. Gouda)

FÜR DIE SAUCE

1 Zwiebel, halbiert (100 g)
2 Knoblauchzehen
1 EL Olivenöl
1 EL Tomatenmark
120 g Sahneschmelzkäse
½ TL Pfeffer, gem.
1 gestr. EL Salz
1 TL Zucker
500 g Sahne
1.000 g Wasser, lauwarm
40 g Speisestärke
¼ TL Muskat, gem.
1 gestr. TL Paprikapulver, rosenscharf
2 EL Schnittlauch, in Röllchen (frisch o. TK)

Zubehör: Auflaufform (25 x 32 cm)

ZUBEREITUNG

Ungekochte Nudeln in eine Auflaufform geben. Schinken und Ananas klein würfeln und mit den Nudeln vermengen. Käse in Stücken in den Mixtopf geben und **15 Sek./Stufe 5** reiben. Umfüllen. Backofen auf 200°C Ober-/Unterhitze vorheizen.

Zwiebel und Knoblauch im Mixtopf **5 Sek./Stufe 5** zerkleinern. Mit dem Spatel nach unten schieben. Öl zugeben und **2 Min./120°C/Stufe 1** dünsten. Restliche Zutaten für die Sauce zugeben und **8 Min./100°C/Stufe 3** aufkochen.

Sauce über die Nudeln gießen, mit Käse bestreuen und im vorgeheizten Backofen ca. 35-40 Min. backen.

Stadt, Land... Genuss

Wählt eine eigene Kategorie aus*:	Obst	Eissorte	Pizzabelag	Getränke

*z.B. Gemüse, Lieblingsessen, Zutat, das schmeckt mir gar nicht ...

Kuchen	Süssigkeit	Punkte

Kostenlos downloaden

Bevor es los geht, braucht jeder Spieler diese Tabelle. Ihr könnt die Vorlage entweder aus dem Buch kopieren oder einfach unter: www.mixgenuss.de/Kostenlose-Downloads herunterladen und ausdrucken.

.. und los gehts

Ein Spieler zählt stumm von A bis Z, ein anderer Spieler sagt „Stopp". Der Buchstabe, bei dem gestoppt wurde, ist der Anfangsbuchstabe für die Begriffe dieser Runde. Alle Spieler füllen die Felder einer Reihe aus - so lange bis ein Spieler zu jeder Katergorie ein entsprechendes Wort aufgeschrieben hat und laut „fertig" ruft.

Auswertung: Für jeden Begriff, den es nur einmal gibt, bekommt ihr 10 Punkte. Bei mehrfacher Nennung 5 Punkte. Hat jemand als Einziger eine Kategorie ausgefüllt, bekommt er 20 Punkte.

Der Spieler mit den meisten Punkten hat gewonnen.

Krabben BURGER aus der „KROSSEN KRABBE"

Info:

Gibt es einen Unterschied zwischen Krabben und Garnelen? Die Antwort lautet: Nein! Krabben sind Garnelen. Der umgangssprachliche Ausdruck „Krabben" bezeichnet meist die Nordsee-Krabben oder, biologisch richtig, die Nordsee-Garnelen, d.h. Krabben und Garnelen werden im allgemeinen Sprachgebrauch unterschieden, sind aber dasselbe.

DIE RICHTIGE Zubereitung

Im Allgemeinen besteht ein Krabbenburger aus Sesambrötchen, Kraboulette, Tiefseekäse, Gürkchen, Salat, Tomate, Zwiebel, Ketchup, Senf und der geheimen Essenz.

Auf der nächsten Seite findet ihr das Rezept für Sesambrötchen sowie für die Krabouletten.

DIE GEHEIME ESSENZ

Die geheime Essenz ist die wichtigste Zutat für den Krabbenburger. Wir vermuten, dass die geheime Essenz aus verschiedenen Zutaten gemischt ist. Die kleine, türkisfarbene Flasche, welche mit einem roten „X" gekennzeichnet ist, kostet $ 1,95. Was genau das rote „X" bedeutet, weiß man nicht so genau. Es dient entweder als Abschreckung oder als Warnung, dass sie sogar gefährlich sein kann, z.B. bei falscher Zubereitung. Wo man diese Essenz herbekommt, wissen wir nicht.

IHR MÜSST EINFACH MAL DIE AUGEN OFFEN HALTEN. VIELLEICHT FINDET IHR SIE HIER IM BUCH VERSTECKT? WENN JA, NOTIERT HIER DIE SEITE, AUF DER IHR SIE ENTDECKT HABT:

So, nun lasst es Euch schmecken! Ach ja, wenn ihr nach dem Rezept für die geheime Essenz fragt, vergesst es! **STRENG GEHEIM.**

STÜCK 8

ZUBEREITUNGSZEIT: 10 MIN.
+ GEHZEIT/BACKZEIT: 50 MIN.

DIE REIHENFOLGE

KRABBENBURGER RICHTIG BELEGEN

1. Tomatenketchup
2. Kraboulette mit Schmelzkäse
3. Senf, mittelscharf
4. rote Zwiebel
5. Tomaten
6. Gurke
7. Salat

sesambrötchen

ZUTATEN

80 g	Butter
70 g	Milch, 1,5%
150 g	Wasser, lauwarm
30 g	brauner Zucker
½ Würfel frische Hefe	
300 g	Weizenmehl, Type 550
100 g	Weizenmehl, Type 405
1 EL	Salz
1	Ei

Zum Bestreichen und Bestreuen:

1	Eigelb
2 EL	Milch
3 EL	Sesam

ZUBEREITUNG

Butter, Milch, Wasser, Zucker und Hefe in den Mixtopf geben und **2 Min./37°C/Stufe 2** erwärmen. Mehl, Salz und Ei zugeben und **3 Min./Teigstufe** kneten.

Teig im Mixtopf ca. 30 Min. gehen lassen. Danach den Teig auf die leicht bemehlte Arbeitsfläche geben und in 8 gleich große Portionen teilen. Teigstücke zu runden Brötchen formen und auf ein mit Backpapier belegtes Backblech geben.

Eigelb mit 2 EL Milch verquirlen und die Brötchen damit bestreichen und mit Sesam bestreuen.

Brötchen im vorgeheizten Backofen bei 200°C Ober-/Unterhitze ca. 15-20 Min. backen. Sie sind fertig, wenn sie sich bräunlich färben.

Pro Stück: 311 kcal | 41 g KH | 9 g EW | 12 g Fett

DAS WAR: ★★★★★

ZUBEREITUNGSZEIT: 15 MIN.

STÜCK 8

Krabouletten

ZUTATEN

1	kl. Zwiebel, halbiert
2	Knoblauchzehen
70 g	rote Paprika, in Stücken
1 Handvoll Petersilie	
600 g	rohe Garnelen, geschält, entdarmt
50 g	Panko Paniermehl
2	Eier
20 g	Weizenmehl, Type 405
1 TL	Zitronensaft
1 TL	Paprikapulver, rosenscharf
1 TL	Salz
1 TL	Gemüsebrühpulver
1 TL	Zwiebeln, granuliert
¼ TL	Pfeffer, gem.
etwas	Öl zum Braten

ZUBEREITUNG

Zwiebel, Knoblauch, Paprika und Petersilie in den Mixtopf geben und **5 Sek./Stufe 6** zerkleinern. Garnelen zugeben und **3 Sek./Stufe 6** mixen.

Restliche Zutaten zugeben und **5 Sek./ ↺ /Stufe 4** verrühren. Anschließend **25 Sek./Teigstufe** vermengen.

Aus der Masse Burger-Patties formen und in einer Pfanne in heißem Öl von beiden Seiten goldbraun braten.*

*KRABOULETTEN WERDEN UNTER WENDEN EXAKT 283 SEKUNDEN GEBRATEN!

Pro Stück: 149 kcal | 10 g KH | 16 g EW | 4 g Fett

TORTILLA mit Zucchini

STÜCK 8

ZUTATEN

100 g Cocktailtomaten
etwas Salz, Pfeffer & Zucker
etwas Olivenöl
1 Zucchini (150 g)
80 g Manchego-Käse
2 Knoblauchzehen
8 Eier
200 g Sahne
1 TL Salz
½ TL Paprikapulver, edelsüß
¼ TL Pfeffer, gem.

ZUBEREITUNG

Backofen auf 160°C Ober-/Unterhitze vorheizen. Tomaten halbieren und mit der Schnittfläche nach oben auf ein mit Backpapier belegtes Blech geben. Mit Salz, Pfeffer und Zucker würzen und mit Olivenöl beträufeln. Für 15 Min. in den Ofen geben. Zucchini in hauchdünne Scheiben hobeln.

Käse **10 Sek./Stufe 5** reiben. Umfüllen. Knoblauch **4 Sek./Stufe 6** zerkleinern. Eier, Sahne, Gewürze und die Hälfte vom Käse zugeben und **10 Sek./Stufe 7** mixen.

Etwas Olivenöl in einer Pfanne erhitzen und die Eimasse hineingießen. Kurz am Boden stocken lassen und Zucchinischeiben hineingeben. Tomaten aus dem Ofen darauf geben und Temperatur auf 200°C erhöhen. Tortilla für 15 Min. in den Ofen geben, bis diese vollständig fest ist und sich bräunlich färbt. Vor dem Servieren mit restlichem Käse bestreuen.

Pro Stück: 206 kcal | 3 g KH | 10 g EW | 17 g Fett

ZUBEREITUNGSZEIT: 40 MIN.

ZUBEREITUNGSZEIT: 15 MIN.
+ RUHEZEIT: 30 MIN.

DAS WAR: ☆☆☆☆☆

ZUCCHINI PUFFER mit Feta

STÜCK 8

500 g Zucchini
2 gestr. TL Salz
1 Ei
75 g Weizenmehl, Type 405
etwas Pfeffer, gem.
¼ TL Paprikapulver, edelsüß
1 P. Feta-Miniwürfel (135 g)
etwas Dill, gehackt
etwas Petersilie, gehackt
etwas Öl zum Braten

ZUBEREITUNG

Zucchini in Stücken sowie Salz in den Mixtopf geben und **5 Sek./Stufe 5** zerkleinern. Masse in den Gareinsatz geben, auf einen Teller stellen und 30 Min. abtropfen lassen.

Danach mit einem Löffel noch etwas Flüssigkeit herausdrücken und die Zucchinimasse zusammen mit den restlichen Zutaten im Mixtopf **6 Sek./⟲/Stufe 3** mischen. In eine Schüssel umfüllen. Sollte noch etwas Flüssigkeit austreten, noch einmal etwas Mehl zugeben und unterrühren.

Masse zu Puffern formen und in einer beschichteten Pfanne in heißem Öl goldbraun braten.

Pro Stück mit Dip: 184 kcal | 11 g KH | 7 g EW | 12 g Fett

FÜR DEN DIP

etwas Dill, gehackt
170 g griech. Joghurt, 0,2 % Fett
200 g Crème légère
1 TL Salz
1 TL Knoblauch, granuliert
1 TL Zitronensaft
1 Frühlingszwiebel, in Ringe geschnitten

Alles in einer Schüssel vermengen.

ZUBEREITUNGSZEIT: 20 MIN.

STÜCK 24

SUPERSCHNELLE KARTOFFEL Puffer

REZPT KANN AUCH HALBIERT WERDEN

SÜSSE variante MIT APFELMUS

schnell gemacht

Die Reiberdatschi gibt es bei uns sehr oft, da sie schnell gemacht sind und man die Lebensmittel gut auf Vorrat einkaufen kann.

ZUTATEN

1 P.	Knödelteig, aus der Kühltheke (750 g)
500 g	Quark, 20%
4	Eier
etwas	Öl zum Braten

ZUBEREITUNG

Alle Zutaten in den Mixtopf geben und **30 Sek./Stufe 5** mixen.

Von der Masse kleine Portionen in die mit Öl erhitzte Pfanne geben und etwas flach drücken. Von jeder Seite kurz anbraten, bis sie goldgelb gebräunt sind.

Herzhafte Variante
MIT RÄUCHERLACHS

Da weder Zucker noch Salz im Teig ist, können die Reiberdatschi sowohl süß mit Zucker bestreut und Apfelmus gegessen werden oder auch herzhaft z. B. mit Räucherlachs und Kräuterquark.

Pro Stück: 72 kcal | 8 g KH | 4 g EW | 3 g Fett

ZUBEREITUNGSZEIT: 60 MIN.
+ BACKZEIT: 30 MIN.

Tumbet MALLORQUIN

ZUTATEN

1 Aubergine
4 Kartoffeln (vorw. festk.)
1 Zucchini
1 rote Parika
1 orange Paprika
etwas Olivenöl zum Braten
etwas Salz & Pfeffer
2-3 EL geriebener Parmesan

FÜR DIE SAUCE

3 Knoblauchzehen
1 Handvoll frische Kräuter (z.B. Oregano, Majoran, Thymian, Basilikum...)*
2 Dosen stückige Tomaten (à 400 g)
1 Prise Zucker
1 TL Meersalz
¼ TL Pfeffer, gem.

**altern. 3 TL ital. Kräuter, getr.*

Zubehör: Auflaufform (25 x 32 cm)

ZUBEREITUNG

Die Aubergine in ca. 5 mm dicke Scheiben hobeln und von beiden Seiten etwas salzen. Ca. 15 Min. ziehen lassen. In der Zeit die Sauce zubereiten: Knoblauch und Kräuter in den Mixtopf geben und **6 Sek./Stufe 6** hacken. Restliche Zutaten für die Sauce zugeben und **20 Min./100°C/Stufe 1** kochen.

Nun Kartoffeln schälen und zusammen mit der Zucchini ebenfalls in dünne Scheiben hobeln. Paprika in Würfel schneiden.

In einer Pfanne etwas Olivenöl erhitzen und die Kartoffelscheiben anbraten. In eine Auflaufform legen und mit etwas Salz und Pfeffer würzen. Auberginenscheiben auf einem Küchenkrepp abtrocknen und ebenso mit Öl anbraten. Auf die Kartoffeln schichten und wieder mit etwas Salz und Pfeffer würzen. Genauso mi den Zucchinischeiben verfahren. Im Anschluss noch die Paprikawürfel anbraten und auf der Zucchini in der Form verteilen.

Zum Schluss die Tomatensauce aus dem Mixtopf auf dem geschichteten Gemüse verteilen, mit Parmesan bestreuen und im vorgeheizten Backofen bei 180°C Ober-/Unterhitze ca. 30 Min. backen.

Pro Portion: 264 kcal | 27 g KH | 10 g EW | 11 g Fett

DAS WAR:
★★★★★
TIPP
MAN KANN DAS TUMBET AUCH GUT VORBEREITEN. ÜBER NACHT IN DEN KÜHLSCHRANK STELLEN UND AM NÄCHSTEN TAG ERST IN DEN OFEN GEBEN. DA DAS GANZE DANN KALT IST, EINFACH 5–10 MIN. LÄNGER BACKEN.
FÜR DEN GANZ GROSSEN HUNGER
verdoppeln

ZUBEREITUNGSZEIT: 10 MIN.
+ RUHEZEIT/BACKZEIT 85 MIN.

Grundrezept TARTE TEIG

FÜR DEN TEIG

250 g	Weizenmehl, Type 405
130 g	Butter, in Stücken
1 TL	Salz
40 g	Eiswasser

Zubehör: Tarteform eckig, 35 x 13 cm*

ZUBEREITUNG

Alle Teigzutaten in den Mixtopf geben und **25 Sek./Stufe 4** zu einem Teig vermengen. Teig für ca. 1 Std. in den Kühlschrank stellen.

Tomate Ricotta

PORTIONEN 4

ZUTATEN

1	Knoblauchzehe
2 EL	ital. Kräuter, TK*
1 TL	Salz
500 g	Ricotta
2	Eier
50 g	geriebener Mozzarella
2 EL	geriebener Parmesan

ca. 300 g	kl. Rispentomaten
etwas	Salz & Pfeffer
2 EL	Pinienkerne
etwas	Olivenöl

**je nach Saison kann man auch frische Kräuter aus dem Garten verwenden.*

ZUBEREITUNG

Knoblauch und Kräuter in den Mixtopf geben und **6 Sek./Stufe 6** hacken. Salz, Ricotta, Eier, Mozzarella und Parmesan zugeben und **20 Sek./Stufe 4** mixen.

Masse in die mit Teig ausgekleidete Tarteform geben und glatt streichen. Tomaten in Scheiben schneiden, auf die Creme legen und mit Salz und Pfeffer würzen.

Mit Pinienkernen bestreuen und etwas Olivenöl darüber träufeln. Tarte im vorgeheizten Backofen ca. 20-25 Min. bei 200°C Ober-/Unterhitze backen.

DAS WAR: ☆☆☆☆☆

Pro Portion: 877 kcal | 59 g KH | 32 g EW | 54 g Fett

ZUBEREITUNGSZEIT: 10 MIN.
+ RUHEZEIT/BACKZEIT 85 MIN.

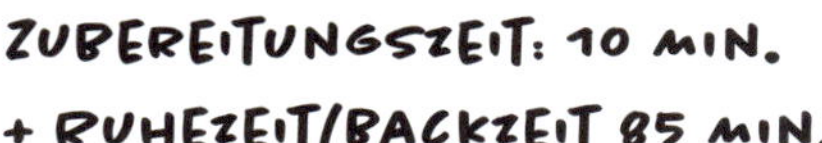

PORTIONEN 4

DAS WAR: ☆☆☆☆☆

Schinken Champignon

ZUTATEN

3	Eier
150 g	Sahne
1 TL	Majoran, getr.
1 TL	Salz
¼ TL	Pfeffer, gem.
150 g	Kochschinken
150 g	Champignons o. andere Pilze nach Wahl
125 g	Mozzarella

TIPP:

Wer keine Tarteform besitzt, kann auch einfach eine Rolle Blätterteig verwenden. Diesen auf dem Blech ausrollen und mit der jeweiligen Füllung bestreichen. Die Backzeit beträgt dann auch 20-25 Min.

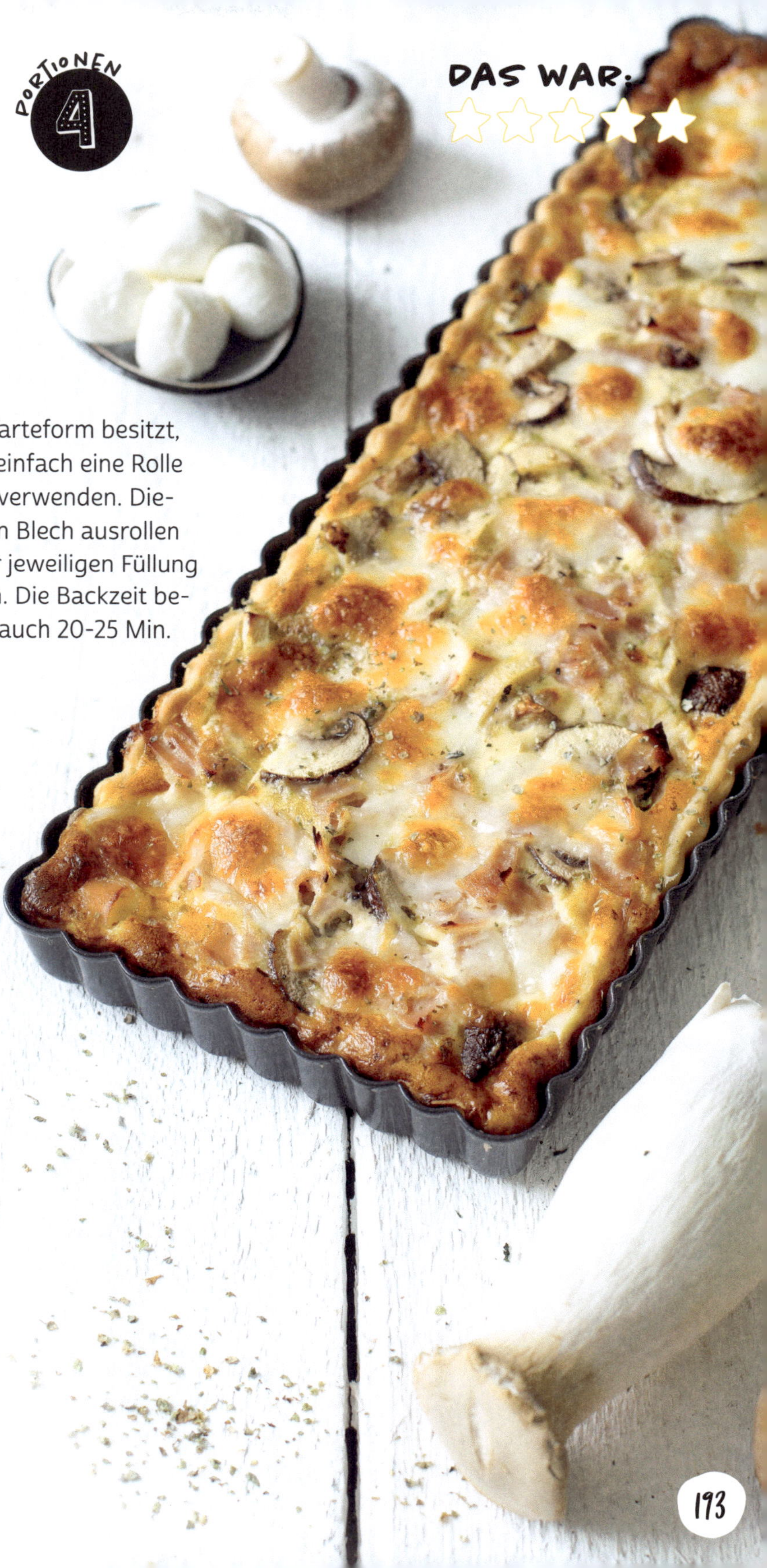

ZUBEREITUNG

Eier, Sahne und Gewürze in den Mixtopf geben und **20 Sek./Stufe 4** mixen.

Schinken würfeln und Champignons in Scheiben oder Würfel schneiden. Tarteform mit Teig auslegen und Schinken und Champignons darauf verteilen. Mit Eier-Sahne-Gemisch übergießen und mit Mozzarella belegen. Tarte im vorgeheizten Backofen ca. 20-25 Min. bei 200°C Ober-/Unterhitze backen.

*LIEBER RUND?

Wer eine runde Tarte backen möchte, findet ein passendes Teigrezept auf Seite 199.

Pro Portion: 791 kcal | 50 g KH | 32 g EW | 51 g Fett

FÜR 6 PORTIONEN

ZUBEREITUNGSZEIT: 10 MIN.
+ BACKZEIT 35 MIN.

DAS WAR: ★★★★★

Tomaten-Zucchini-LASAGNE

ZUTATEN

200 g	Emmentaler, in Stücken
1	Knoblauchzehe
1	kl. Zwiebel, halbiert
500 g	Zucchini, in Stücken
25 g	Öl
250 g	Tomaten
60 g	Tomatenmark
250 g	Kochsahne, 15%
2 TL	Gemüsebrühpulver
1 TL	ital. Kräuter, getr.
1 EL	Weizenmehl, Type 405
etwas	Salz & Pfeffer
12	Lasagneplatten (250 g)

Zubehör: Auflaufform (20 x 25 cm)

ZUBEREITUNG

Backofen auf 180°C Ober-/Unterhitze vorheizen. Käse im Mixtopf **15 Sek./Stufe 5** reiben. Umfüllen.

Knoblauch in den Mixtopf geben und **5 Sek./Stufe 5** zerkleinern. Zwiebel und Zucchini zugeben und **5 Sek./Stufe 5** zerkleinern. Mit dem Spatel nach unten schieben. Öl zugeben und **3 Min./120°C/Stufe 1** dünsten.

In der Zwischenzeit Tomaten in kleine Würfel schneiden. Tomatenwürfel und restliche Zutaten (außer Lasagneplatten) zugeben und **3 Sek./Stufe 3** vermengen.

Gemüsemasse und die Hälfte des Käses abwechselnd mit den Lasagneplatten in eine Auflaufform schichten. Lasagne mit restlichem Käse abschließen und im vorgeheizten Backofen 30-35 Min. backen.

Pro Portion: 420 kcal | 37 g KH | 18 g EW | 22 g Fett

Lust auf was SÜSSES

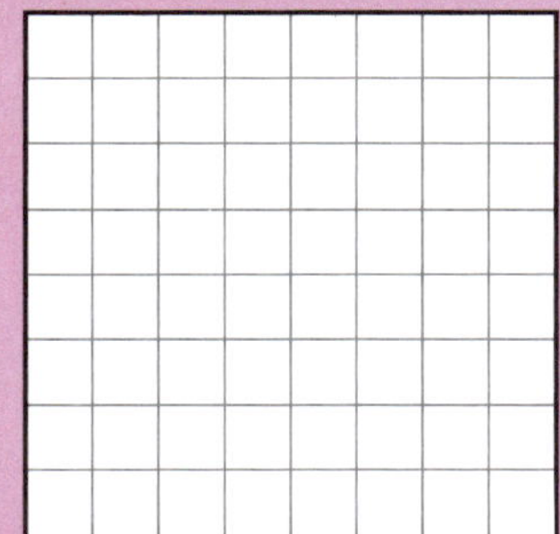

So geht's:

Spieler 1 beginnt mit einem Strich auf einer beliebigen Kante eines Karos. Jetzt ist Spieler 2 an der Reihe und zeichnet ebenfalls eine Linie ein. Wenn ein Spieler ein Karo einschließt, gehört es ihm und er darf es mit einem X oder O markieren. Dabei spielt es keine Rolle, ob ein Strich bereits vom Mitspieler stammt. Wenn ein Kästchen umschlossen wurde, ist dieser Spieler nochmal am Zug. Gewonnen hat der Spieler mit den meisten Feldern seiner Markierung.
Hinweis: Die Umrandung des Spielfeldes zählt bereits als vorgegebene Striche.

Süsses

Ein stück Kuchen

ZEIG UNS DEINEN LIEBLINGSKUCHEN!

Welchen Kuchen magst du am liebsten?
Male den Kuchen nach Belieben an und verziere ihn nach deinen Wünschen.

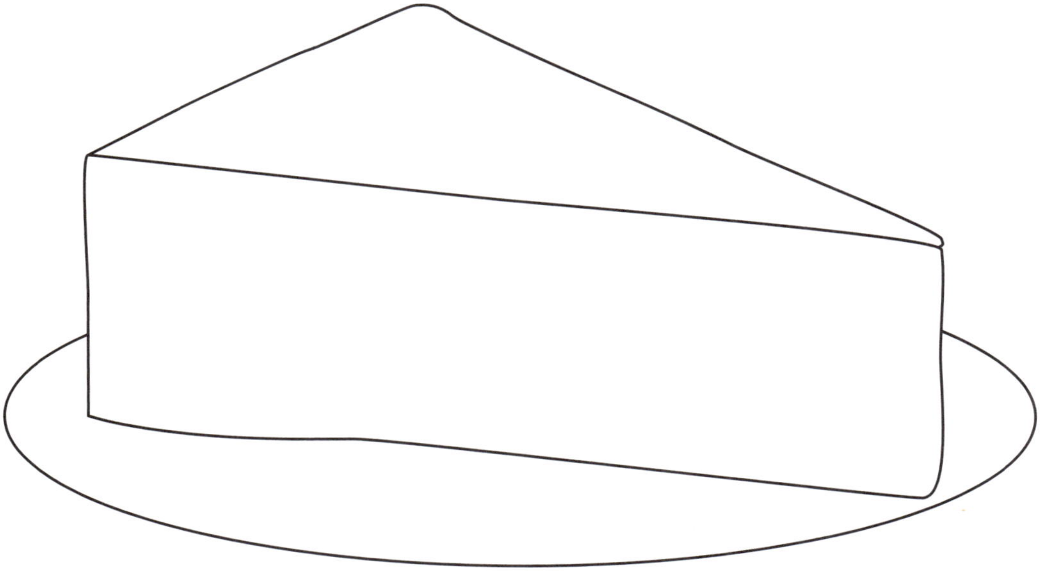

Pro Stück: 354 kcal | 35 g KH | 8 g EW | 20 g Fett

ZUBEREITUNGSZEIT: 15 MIN.
+ RUHEZEIT/BACKZEIT: 100 MIN.

Blueberry CHEESECAKE

FÜR DEN TEIG

125 g Quark, 20% Fett
125 g Butter, in Stücken
1 Ei
½ TL Salz
1 Prise Zucker
250 g Weizenmehl, Type 405

CHEESECAKE FÜLLUNG

350 g Doppelrahmfrischkäse
250 g saure Sahne
125 g Puderzucker
1 TL Vanilleextrakt
2 Eier
½ Bio-Zitrone, Schalenabrieb davon
1 EL Speisestärke

HEIDELBEER-GRÜTZE

200 g Heidelbeeren
80 g Wasser
50 g Zucker
½ Zitrone, Saft davon
1 geh. EL Speisestärke

150 g Heidelbeeren zum Belegen

Zubehör: runde Tarteform (Ø 27-30 cm)

ZUBEREITUNG

Für den Tarteteig alle Zutaten in den Mixtopf geben und **30 Sek./Stufe 4** zu einem Teig vermengen. Teig für ca. 1 Std. in den Kühlschrank stellen.

Tarteform mit dem Teig auskleiden und Backofen auf 200°C Ober-/Unterhitze vorheizen.

Alle Zutaten für die Cheesecake Füllung in den Mixtopf geben und **20 Sek./Stufe 4** verrühren. Masse in die mit Teig ausgekleidete Tarteform geben und glatt streichen. Im vorgeheizten Backofen ca. 40 Min. backen.

Für die Heidelbeer-Grütze alle Zutaten in den Mixtopf geben und **6 Min./90°C/ /Stufe 2** kochen. Grütze auf den erkalteten Kuchen geben, verstreichen und mit frischen Heidelbeeren belegen.

FÜR 16 STÜCK

DAS WAR: ☆☆☆☆☆

Wir lieben sie ... SCHOKOBANANEN

ZUBEREITUNGSZEIT: 60 MIN.
+ BACKZEIT/KÜHLZEIT: 60 MIN.

Pro Stück: 571 kcal | 63 g KH | 8 g EW | 31 g Fett

FÜR DEN TEIG

4	Eier
220 g	Zucker
150 g	Mineralwasser, sprizig
125 g	Öl
250 g	Weizenmehl, Type 405
2 TL	Backpulver

FÜR DIE CREME

1 P.	Vanillepuddingpulver
400 g	Milch, 1,5%
50 g	Zucker
200 g	weiche Butter, in Stücken

(muss Zimmertemperatur haben)

FÜR DEN SCHOKOGUSS

200 g	Zartbitter-Kuvertüre, in Stücken
200 g	Vollmilch-Kuvertüre, in Stücken
25 g	Kokosfett, z.B. Palmin

AUSSERDEM

8	Bananen (nicht zu reif)
1	Zitrone, Saft davon
½ Glas	Aprikosenkonfitüre, 135 g (z.B. Schwartau Samt)

ZUBEREITUNG

Backofen auf 180°C Ober-/Unterhitze vorheizen. Eier, Zucker, Wasser und Öl im Mixtopf **30 Sek./Stufe 5** mixen. Mehl und Backpulver zugeben und **10 Sek./Stufe 4** vermengen. Den flüssigen Teig auf ein mit Backpapier belegtes Backblech gießen. Im vorgeheizten Backofen ca. 15 Min. backen. Mixtopf spülen.

In der Zwischenzeit Puddingpulver, Milch und Zucker in den Mixtopf geben und **7-8 Min./90°C/Stufe 3** aufkochen. In eine Schüssel umfüllen, an der Oberfläche mit Frischhaltefolie abdecken und kalt stellen (dadurch bildet sich keine Haut). Erst wenn der Pudding auf Zimmertemperatur abgekühlt ist, können Sie die Creme herstellen:
Weiche Butter in den Mixtopf geben und Thermomix auf **Stufe 4** laufen lassen. Dabei den Pudding esslöffelweise durch die Deckelöffnung zugeben. Sobald der Pudding im Topf ist, auf **Stufe 5** hochdrehen und **ca. 10-20 Sek.** rühren, bis eine gleichmäßige Creme entstanden ist.

Den abgekühlten Kuchenboden dünn mit Aprikosenkonfitüre bestreichen. Die Buttercreme darauf geben und glatt streichen. Die Bananen schälen und der Länge nach halbieren. Nebeneinander ohne Abstand auf den Kuchen legen. Zitrone auspressen und die Bananen damit bestreichen, damit sie nicht braun werden. Das Ganze kalt stellen. Mixtopf spülen.

Für den Guss Schokolade in Stücken in den trockenen Mixtopf geben und **10 Sek./Stufe 8** zerkleinern. Kokosfett zugeben und **4 Min./50°C/Stufe 2** schmelzen. Mit dem Spatel alles nach unten schieben und **2 Min./50°C/Stufe 2** schmelzen.

Nun mit einem scharfen Messer die Bananen ausschneiden und auf ein Kuchengitter setzen. Flüssige Schokolade darüber laufen lassen und abkühlen lassen. Wer möchte, kann sie noch mit Streuseln nach Wahl verzieren.

DAS WAR: ★★★★★

Ofen BERLINER

FÜR 12 STÜCK

FÜR DEN TEIG

140 g Wasser, lauwarm
120 g Milch, 1,5%
50 g Zucker
½ Würfel frische Hefe
500 g Weizenmehl, Type 405
1 Prise Salz
1 Ei

AUSSERDEM

250-300 g Himbeermarmelade
60 g Butter
etwas Puderzucker

Zubehör: Spritzbeutel mit dünner Tülle

ZUBEREITUNG

Wasser, Milch, Zucker und Hefe in den Mixtopf geben und **2 Min./37°C/Stufe 1** erwärmen. Mehl, Salz und Ei zugeben und **3 Min./Teigstufe** kneten. Teig in eine Schüssel umfüllen und 1 Std. gehen lassen. Teig in 12 Portionen teilen und rund rollen. In jede Teigkugel Himbeermarmelade einspritzen. Das Loch wieder verschließen. Die Teigkugeln auf ein gefettetes Backblech setzen und abgedeckt noch einmal 20-30 Min. gehen lassen. Backofen auf 180°C Umluft vorheizen.

Butter in eine Tasse geben und in der Mikrowelle schmelzen (1 Min. bei 800 Watt). Teigkugeln dick mit flüssiger Butter bestreichen und mit etwas Puderzucker bestäuben.

Im vorgeheizten Backofen ca. 20 Min. backen, bis die Berliner goldbraun sind. Sollten sie zu dunkel werden, nach der Hälfte der Zeit mit Alufolie abdecken. Abkühlen lassen und nochmals mit Puderzucker bestäuben.

ZUBEREITUNGSZEIT: 20 MIN.
+ GEHZEIT/BACKZEIT: 110 MIN.

Pro Stück: 285 kcal | 52 g KH | 6 g EW | 5 g Fett

DAS WAR: ★★★★★

FÜR 16 STÜCK

SCHOKO HÖRNCHEN

schnell & einfach

ZUBEREITUNGSZEIT: 15 MIN.
+ GEHZEIT/BACKZEIT: 25 MIN.

ZUTATEN

250 g Milch, 1,5%
1 Würfel frische Hefe
50 g Zucker
1 Ei
50 g weiche Butter
600 g Weizenmehl, Type 405

Außerdem:

200 g Nuss-Nougat-Creme
etwas Puderzucker

ZUBEREITUNG

Backofen auf 175°C Umluft vorheizen. Für den Teig Milch und Hefe in den Mixtopf geben und **2 Min./37°C/Stufe 1** erwärmen. Restliche Teigzutaten hinzugeben und **1 Min./Teigstufe** kneten. Teig an einem warmen Ort ca. 10 Min. gehen lassen.

Teig in 2 Hälften teilen, kreisförmig ausrollen und in 8 Dreiecke schneiden (wie eine Pizza). Jeweils mit 1 EL Nuss-Nougat-Creme bestreichen und aufrollen.

Die Hörnchen auf den mit Backpapier belegten Backrost legen und im vorgeheizten Backofen ca. 15 Min. backen. Nach dem Backen abkühlen lassen und mit Puderzucker bestäuben.

Pro Stück: 248 kcal | 38 g KH | 6 g EW | 7 g Fett

DAS WAR: ★★★★★

AmeisenKUCHEN

ZUTATEN

250 g weiche Butter
200 g Zucker
1 P. Vanillezucker
5 Eier
200 g Sahne
300 g Weizenmehl, Type 405
3 TL Backpulver
100 g Schokostreusel

Zubehör: Kastenform, 30 cm

ZUBEREITUNG

Butter, Zucker und Vanillezucker in den Mixtopf geben und auf **Stufe 5** (ohne eingestellte Zeit) verrühren. Eier nacheinander durch die Deckelöffnung zugeben. Wenn alle Eier im Topf sind, noch **20 Sek./Stufe 5** weiterrühren. Reste vom Mixtopfrand mit dem Spatel lösen und noch einmal **20 Sek./Stufe 5** rühren. Sahne zugeben und **10 Sek./Stufe 4** mixen. Mehl, Backpulver und Schokostreusel zugeben und nur mit dem Spatel unterrühren. Somit wird der Kuchen besonders luftig und saftig.

Teig in die gefettete Kastenform geben, glatt streichen und im vorgeheizten Backofen bei 180°C Ober-/Unterhitze ca. 60 Min. backen.

ZUBEREITUNGSZEIT: 10 MIN.
+ BACKZEIT: 60 MIN.

Pro Stück: 324 kcal | 32 g KH | 5 g EW | 20 g Fett

Papagei-KUCHEN

WER MÖCHTE, KANN DEN KUCHEN MIT ZUCKERGUSS GLASIEREN UND NOCH SCHOKOLINSEN DARAUF GEBEN!

DAS WAR: ★★★★★

FÜR DEN TEIG

200 g	Butter
1	Bio-Zitrone
4	Eier
200 g	Zucker
2 EL	Vanillezucker
100 g	Buttermilch
325 g	Weizenmehl, Type 405
3 TL	Backpulver

Flüssige Lebensmittelfarben: blau, grün, rot und gelb (altern. Pulver, bitte keine Gelfarben verwenden)

ZUBEREITUNG

Butter in Stücken in den Mixtopf geben und **2 Min./100°C/Stufe 1** schmelzen.

Zitrone heiß waschen, Schale fein abreiben und Saft auspressen. Zusammen mit den restlichen Teigzutaten in den Mixtopf zugeben und **20 Sek./Stufe 4** vermengen.

Teig auf vier Schüsseln verteilen und je mit einer Lebensmittelfarbe (blau, grün, rot und gelb) einfärben.

Nun den Teig klecksartig und bunt gemischt auf ein mit Backpapier belegtes Backblech geben (s. Bild).
Im vorgeheizten Backofen bei 180°C Ober-/Unterhitze ca. 25 Min. backen.

ZUBEREITUNGSZEIT: 10 MIN.
+ BACKZEIT: 25 MIN.

Pro Stück: 243 kcal | 29 g KH | 4 g EW | 12 g Fett

Finde die Fehler

Hier haben sich 10 Fehler eingeschlichen, könnt ihr sie finden? Wenn ihr möchtet, könnt ihr das Bild gerne ausmalen!

ZUBEREITUNGSZEIT: 5 MIN.
+ BACKZEIT 25 MIN.

Grieß-SCHNITTEN

SCHNELL GEMACHT!

ZUTATEN

3	Eier
1 Prise	Salz
50 g	Zucker
250 g	Schmand
250 g	Magerquark
1 TL	Limettensaft
50 g	Weichweizengrieß

Zubehör: kleine Auflaufform oder Brownie-Backform

ZUBEREITUNG

Backofen auf 180°C Umluft vorheizen. Rühraufsatz in den Mixtopf einsetzen. Eier trennen. Eiweiße mit Salz auf **Stufe 4** steif schlagen. Umfüllen.

Eigelbe und restliche Zutaten in den Mixtopf geben und **20 Sek./Stufe 4** mixen. Rühraufsatz entfernen und Eiweiß mit dem Spatel unterheben. In eine gefettete kleine Auflaufform geben und im vorgeheizten Backofen ca. 25 Min. backen.

Pro Portion: 341 kcal | 27 g KH | 16 g EW | 19 g Fett

FÜR 18 PORTIONEN
Für die ganze Familie!
TIRAMISU
OHNE EI UND
OHNE ALKOHOL

DAS WAR:

XXL-TIRAMISU

ZUTATEN

ca. 450 g Löffelbiskuitstangen
600 g Sahne
60 g Zucker
750 g Mascarpone
50 g Milch, 1,5%
etwas Vanillearoma

Zum Tränken:
2 Tassen Kakao (300 ml)
oder 2 Tassen Kaffee
etwas Bittermandelaroma

Zum Bestäuben:
etwas Backkakao

Zubehör: Auflaufform

IHR KÖNNT AUCH DIE RESTLICHE CREME IN EINEN SPRITZBEUTEL FÜLLEN UND TUPFEN AUF DAS TIRAMISU SPRITZEN!

ZUBEREITUNGSZEIT: 20 MIN.
+ KÜHLZEIT: 2-4 STD.

ZUBEREITUNG

Kaffee oder Kakao mit einigen Tropfen Bittermandelaroma in eine flache Schüssel geben. Die Hälfte der Löffelbiskuitstangen in der Flüssigkeit tränken und in eine Auflaufform legen.

Rühreinsatz in den Mixtopf einsetzen. 400 g Sahne mit 30 g Zucker auf **Stufe 3.5** steif schlagen. Rühraufsatz entfernen. 500 g Mascarpone, Milch und Vanillearoma zugeben und **20 Sek./Stufe 4.5** vermengen.

⅔ der Creme auf die Löffelbiskuitstangen streichen. Erneut eine Lage getränkte Löffelbiskuitstangen auf die Creme legen und mit restlicher Creme bestreichen.

Nun die restlichen 200 g Sahne mit 30 g Zucker in den Mixtopf geben und **8 Sek./Stufe 10** halbsteif schlagen. Noch einmal 250 g Mascarpone zugeben und **15 Sek./Stufe 4** vermengen. Auf das Tiramisu streichen und ca. 2-4 Std. (auch gerne über Nacht) im Kühlschrank durchziehen lassen. Vor dem Servieren mit Kakao bestäuben.

Pro Portion: 365 kcal | 25 g KH | 6 g EW | 275 g Fett

Beeren-Schoko-TARTE

FÜR DEN BODEN

110 g Salzbrezeln
100 g Amarettini
200 g Zartbitterkuvertüre
100 g Butter

ZUM BELEGEN

200 g Beeren nach Wahl

FÜR DIE CREME

100 g weiße Schokolade
200 g Crème fraîche
150 g griech. Joghurt
60 g Holunderblütensirup
15 g Sofortgelatine, kalt löslich (z.B. Gelatine-Fix)
100 g Doppelrahmfrischkäse

Zubehör: rechteckige Tarteform

ZUBEREITUNGSZEIT: 20 MIN.
+ KÜHLZEIT: CA. 3 STD.

ZUBEREITUNG

Salzbrezeln und Amarettini im Mixtopf **7 Sek./Stufe 7** zerkleinern. In eine Schüssel umfüllen.

Kuvertüre in Stücken in den Mixtopf geben und **10 Sek./Stufe 8** zerkleinern. Butter zugeben und **6 Min./60°C/Stufe 1** schmelzen. Zu den Bröseln in die Schüssel geben und gut vermengen. Masse in die Tarteform geben und an Boden und Rand gut andrücken. Für ca. 1 Std. in den Kühlschrank stellen.

Für die Creme weiße Schokolade im Mixtopf **8 Sek./Stufe 8** zerkleinern. Mit dem Spatel nach unten schieben und **3 Min./60°C/Stufe 1** schmelzen. Crème fraîche zugeben und **20 Sek./Stufe 3** unterrühren. Joghurt, Sirup und Sofortgelatine zugeben und **20 Sek./Stufe 4** vermengen. Frischkäse dazugeben und **10 Sek./Stufe 4** rühren. Creme auf den Tarteboden geben und glatt streichen. Weitere 2 Std. in den Kühlschrank stellen.

Tarte mit Beeren nach Wahl belegen. Für einen schönen Glanz kann man noch Tortenguss darüber geben. Kleiner Tipp: Einfach etwas Holunderblütesirup mit in den Guss geben, sehr lecker!

DAS WAR:

FÜR 8 STÜCKE

Beeren-Topping

Ich habe Erdbeeren und Kirschen verwendet. Man kann auch Blaubeeren, Himbeeren oder Brombeeren nehmen. Als kleines Extra habe ich noch Mini-Schokotäfelchen darauf gegeben!

Pro Stück: 571 kcal | 49 g KH | 9 g EW | 37 g Fett

DAS WAR:

☆☆☆☆☆

Die perfekten CRÊPES

ZUTATEN

30 g	Butter
160 g	Milch, 1,5%
80 g	Wasser
130 g	Weizenmehl, Type 405
2	Eier
1 P.	Vanillezucker
1 Prise	Salz

ZUBEREITUNG

Butter in den Mixtopf geben und **2 Min./100°C/Stufe 1** schmelzen. Restliche Zutaten zugeben und **20 Sek./Stufe 5** mixen. Teig nun 30 Min. ruhen lassen.

Eine beschichtete Pfanne erhitzen (mittlere Hitze) und dünn mit Butter auspinseln. Etwas Teig hineingießen und erst wenden, wenn die Oberfläche nicht mehr flüssig ist.

Für eine herzhafte Variante den Vanillezucker einfach weglassen.

ZUBEREITUNGSZEIT: 10 MIN.
+ RUHEZEIT: 30 MIN.

Pro Crêpe: 233 kcal | 28 g KH | 8 g EW | 10 g Fett

DAS WAR: ☆☆☆☆☆

WAFFELN gehen immer!

ZUTATEN

100 g Butter, in Stücken
80 g Zucker
1 TL Vanillezucker
1 Prise Salz
3 Eier
175 g Weizenmehl, Type 405
175 g Milch, 1,5%
1 leicht geh. TL Backpulver

Zubehör: Waffeleisen

ZUBEREITUNG

Butter, Zucker, Vanillezucker, Salz und Eier im Mixtopf **1 Min./Stufe 5** verrühren.

Restliche Zutaten zugeben und **15 Sek./Stufe 4** mixen. Aus dem Teig in einem Waffeleisen ca. 8 Waffeln backen.

VARIANTE:

Bananen WAFFELN

Einfach eine reife Banane in Stücken in Schritt 1 mit in den Mixtopf geben. Vorsicht: Dafür nur 2 Eier verwenden, sonst wird der Teig zu flüssig!

Wer möchte, kann zum Teig auch noch 1 TL Kakao geben.

MIT PUDERZUCKER UND ZIMT BESTÄUBT!

ZUBEREITUNGSZEIT: 15 MIN.

Pro Waffel: 252 kcal | 28 g KH | 6 g EW | 13 g Fett

DAS WAR:

FÜR 12 STÜCK

MINI AMERIKANER

FÜR DEN TEIG

50 g weiche Butter
50 g Öl
100 g Zucker
1 Prise Salz
etwas Butter-Vanille-Aroma
2 Eier
250 g Weizenmehl, Type 405
1 P. Vanillepuddingpulver
2 TL Backpulver
75 g Milch, 1,5%
etwas Zitronenschalenabrieb

FÜR DIE GLASUR

200 g Puderzucker
25 g Milch, 1,5%
2 TL Zitronensaft

Außerdem:
bunte Zuckerstreusel

ZUBEREITUNG

Backofen auf 170°C Ober-/Unterhitze vorheizen. Butter, Öl, Zucker, Salz, Aroma und Eier in den Mixtopf geben und **1 Min./Stufe 4** mixen.

Restliche Teigzutaten zugeben und **10 Sek./Stufe 4** vermengen. Alles mit dem Spatel nach unten schieben und weitere **5 Sek./Stufe 4** vermengen.

Ein Backblech mit Backpapier belegen und mithilfe von 2 Teelöffeln 6 Kleckse auf dem Backpapier verteilen. Da der Teig beim Backen auseinanderläuft, darauf achten, dass genügend Abstand zwischen den Teigklecksen besteht.

Im vorgeheizten Backofen ca. 12 Min. backen. In der Zwischenzeit ein weiteres Blech mit 6 Teigklecksen vorbereiten und danach backen.

Für die Glasur alle Zutaten in einer kleinen Schüssel gut verrühren und auf die abgekühlten Amerikaner geben. Mit Zuckerstreuseln verzieren.

Mit bunten Streuseln
KOMMT GLEICH GUTE LAUNE AUF!

ZUBEREITUNGSZEIT: 25 MIN.
Pro Stück: 277 kcal | 45 g KH | 4 g EW | 9 g Fett

DAS WAR:

Tipp:

Variante ohne Sweet-Tonka-Gewürzmischung: Einfach 20 g Zucker und etwas Vanillearoma mit zur Milch in den Mixtopf geben.

ZUBEREITUNGSZEIT: 15 MIN.

Pro Portion: 357 kcal | 40 g KH | 15 g EW | 15 g Fett

FÜR  2 PORTIONEN

ZUTATEN

1 Ei
1 Prise Salz
500 g Milch, 1,5%
1 geh. EL Sweet-Tonka-Gewürzmischung (s. unten)
60 g Weichweizengrieß
20 g Butter

FÜR DAS GEWÜRZ

100 g Zucker
2 Zimtstangen
1 Tonkabohne
3 Kardamomkapseln
2 Msp. Anis, gem.
½ Vanilleschote
1 Prise Salz

Alles in den Mixtopf geben und **20 Sek./Stufe 10** mixen. Ergibt 10-12 EL.

ZUBEREITUNG

Vorab die Gewürzmischung herstellen und in ein kleines Schraubglas umfüllen.
Ei trennen. Eiweiß und Salz in den Mixtopf geben. Rühraufsatz einsetzen und **1:30 Min./Stufe 4** steif schlagen. Rühraufsatz entfernen und Eischnee in eine Schüssel geben. Mixtopf mit Wasser ausspülen.

Milch und Sweet-Tonka-Gewürz in den Mixtopf geben und **6 Min./100°C/Stufe 2** aufkochen. Sobald die 100°C erreicht sind, Gerät stoppen. Weichweizengrieß zugeben und **1 Min./80°C/Stufe 2** rühren. Nun 5 Min. im Mixtopf bei geschlossenem Deckel ruhen lassen.

Eigelb und Butter zugeben und **20 Sek./Stufe 3.5** vermengen. Eischnee zugeben und **10 Sek./Stufe 3.5** unterrühren. Mit Zimt bestreuen und frischem Obst servieren.

FÜR 12 STÜCKE

Frosch TORTE

DAS WAR: ★★★★★

Pro Stück: 310 kcal | 47 g KH | 11 g EW | 9 g Fett

FÜR DEN TEIG

3 Eier
100 g Zucker
1 P. Vanillezucker
100 g Weizenmehl, Type 405
½ TL Backpulver

ZUBEREITUNG

Backofen auf 180°C Ober-/Unterhitze vorheizen. Rühraufsatz in den Mixtopf einsetzen. Eier, Zucker und den Vanillezucker in den Mixtopf geben und **15 Min./50°C/Stufe 4** rühren. Mehl und Backpulver zugeben und **5 Sek./Stufe 3** unterrühren.

Den Teig in eine mit Backpapier ausgelegte Springform (26 cm) geben und im vorgeheizten Backofen ca. 25-30 Min. backen. Den Biskuit in der Form bei leicht geöffneter Ofentüre abkühlen lassen. Aus der Springform nehmen und diese spülen.

FÜR DIE QUARK-SCHICHT

2 Beutel grüne Götterspeise (Pulver, Waldmeister)
400 g Wasser
175 g Zucker *
700 g Quark, 20%

**Bitte nur Zucker für die Quarkschicht zugeben, wenn in der Götterspeise kein Zucker enthalten ist!*

ZUBEREITUNG

2 Beutel Götterspeise mit Zucker und Wasser in den Mixtopf geben und **10 Min./80°C/Stufe 3** erhitzen. Umfüllen und vollständig abkühlen lassen. Für 30 Min. in den Kühlschrank stellen. Quark in den Mixtopf geben, Götterspeise zugeben und **20 Sek./Stufe 3** mixen.

Den gebackenen Teig wieder in die Springform legen, verschließen und die Quarkmasse auf den Teig gießen. Mind. 3-4 Std. in den Kühlschrank stellen (o. über Nacht).

FÜR DIE GRÜNE SCHICHT

1 Beutel grüne Götterspeise (Pulver, Waldmeister)
200 g Wasser
100 g Zucker

ZUBEREITUNG

Götterspeise, Wasser und Zucker in den Mixtopf geben und **7 Min./80°C/Stufe 3** erhitzen. Umfüllen und vollständig abkühlen lassen. Auf die Torte gießen und noch einmal 1 Std. in den Kühlschrank stellen.

ZUM VERZIEREN

200 g Schlagsahne
12 Fruchtgummi Frösche

Mit Schlagsahne und Fruchtgummi-Fröschen verzieren.

Hinweis: Die Springform muss auslaufsicher sein!

ZUBEREITUNGSZEIT: 30 MIN.
+ BACKZEIT: 30 MIN.
+ KÜHLZEIT: 4-5 STD.

Mini NUSS HÖRNCHEN

RUHEZEIT: ÜBER NACHT

Pro Hörnchen: 82 kcal | 7 g KH | 1 g EW | 5 g Fett

ZUTATEN

200 g	Butter, in Stücken
200 g	Doppelrahmfrischkäse
300 g	Weizenmehl, Type 405
60 g	Haselnusskerne
1 TL	Zimt, gem.
60 g	brauner Zucker
60 g	weißer Zucker

ZUBEREITUNGSZEIT: 15 MIN.
+ BACKZEIT: 15 MIN.
+ RUHEZEIT: ÜBER NACHT

ZUBEREITUNG

Butter, Frischkäse und Mehl in den Mixtopf geben und **15 Sek./Stufe 4** vermengen. Aus dem Topf nehmen, zu einer Kugel formen und in Frischhaltefolie wickeln. Über Nacht in den Kühlschrank geben.

Am nächsten Tag:
Haselnüsse und Zimt im Mixtopf **7 Sek./Stufe 7** zerkleinern. Beide Zuckersorten zugeben und **3 Sek./Stufe 3** mischen.

Backofen auf 180°C Umluft vorheizen. Den Teig nun dritteln. Etwas Nuss-Zucker-Mischung auf die Arbeitsfläche streuen (darf ruhig dick sein) und eine Teigportion darauf rund ausrollen. Immer wieder wenden und bei Bedarf noch einmal etwas Nuss-Zucker-Mischung zugeben. Wie bei einer Pizza in 16 Dreiecke schneiden und diese aufrollen. Mit den anderen 2 Teigportionen genauso verfahren.

Die kleinen Hörnchen auf 2 mit Backpapier belegte Bleche setzen und im vorgeheizten Backofen ca. 15 Min. backen.

SO KLEIN UND SÜSS

FÜR 12 STÜCK

Little SOFTIES

DAS WAR: ☆☆☆☆☆

ZUTATEN

200 g Doppelrahmfrischkäse
100 g Butter
50 g Zucker
1 TL Vanillepaste
1 Prise Meersalz
125 g Weizenmehl, Type 405
1 gestr. TL Backpulver

Zum Wälzen:
1 EL Zimt, gem. mit
4 EL Zucker vermischt

ZUBEREITUNG

Frischkäse, Butter, Zucker und Vanillepaste im Mixtopf **10 Sek./Stufe 3** verrühren.

Restliche Zutaten zugeben und **10 Sek./Stufe 3.5** vermengen. Mehlreste vom Mixtopfrand mit dem Spatel nach unten schieben und noch einmal **5 Sek./Stufe 3.5** rühren. Masse umfüllen und für ca. 1 Std. in den Kühlschrank stellen.

Mit leicht bemehlten Händen aus dem Teig Kugeln formen, in der Zucker-Zimt-Mischung wälzen und mit Abstand auf ein mit Backpapier belegtes Backblech geben. Im vorgeheizten Backofen bei 200°C Umluft ca. 8 Min. backen.

Pro Stück: 178 kcal | 17 g KH | 2 g EW | 11 g Fett

ZUBEREITUNGSZEIT: 20 MIN.
+ KÜHLZEIT: 1 STD.

POWER Müsliriegel

Tipp
Wer eine Silikonform besitzt, kann die Masse in die Mulden drücken.

ZUBEREITUNGSZEIT: 20 MIN.
+ RUHEZEIT: 20 MIN.

DIE MÜSLIRIEGEL BITTE IM KÜHLSCHRANK AUFBEWAHREN.

DAS WAR: ☆☆☆☆☆

ZUTATEN

140 g	kernige Haferflocken
150 g	Nüsse (z.B. 80 g Mandeln, 30 g Cashewkerne, 20 g Haselnüsse, 20 g Pistazien)
80 g	getr. Datteln, entsteint
60 g	Soft-Pflaumen
50 g	getr. Cranberries
30 g	Soft-Aprikosen
50 g	Leinsamen
1 TL	Zimt, gem.
65 g	Mandelmus
1 TL	Vanilleextrakt
20 g	Ahornsirup
50 g	Agavendicksaft

ZUBEREITUNG

Haferflocken und Nüsse in einer Pfanne ohne Fett rösten, bis diese duften. Datteln, Soft-Pflaumen, Cranberries und Soft-Aprikosen in den Mixtopf geben und **10 Sek./Stufe 6** hacken.

Restliche Zutaten sowie die warmen Haferflocken und Nüsse aus der Pfanne zugeben und **8 Sek./Stufe 4** vermengen. Mit dem Spatel alles kurz durchmengen und **20 Sek./Teigstufe** kneten. Diesen Vorgang 3x wiederholen, bis alles gut vermengt ist.

Eine flache Auflaufform mit Frischhaltefolie auslegen und die Masse sehr fest hineindrücken (sollte ca. 1,5 cm dick sein). Das Ganze für 20 Min. in den Kühlschrank stellen. Aus der Form stürzen und in gleich große Riegel schneiden.

Pro Riegel: 191 kcal | 19 g KH | 6 g EW | 10 g Fett

OBSTKUCHEN
– besonders fluffig

ZUTATEN FÜR EINE RUNDE FORM Ø 26 CM:

4	Eier
1 Prise	Salz
140 g	Zucker
140 g	weiche Butter
100 g	griech. Joghurt, 10% Fett
etwas	Vanillearoma
1 Prise	Zimt, gem.
200 g	Weizenmehl, Type 405
2 TL	Backpulver

Zum Belegen:
Obst nach Belieben (z.B. 8-10 Zwetschgen)

MAN KANN AUCH ANDERES OBST VERWENDEN

Pro Stück (12): 242 kcal | 27 g KH | 5 g EW | 12 g Fett

ZUBEREITUNGSZEIT: 20 MIN.
+ BACKZEIT: 25 MIN.

ZUTATEN FÜR EIN KLEINES BLECH 40 × 30 CM:

6	Eier
1 Prise	Salz
200 g	Zucker
200 g	Butter, weich
150 g	griech. Joghurt, 10% Fett
etwas	Vanillearoma
1 Prise	Zimt, gem.
350 g	Weizenmehl, Type 405
1 P.	Backpulver

Zum Belegen:
Obst nach Belieben

ZUBEREITUNG

Backofen auf 180°C Ober-/Unterhitze vorheizen. Rühraufsatz einsetzen. Eier, Salz und Zucker in den Mixtopf geben und **5 Min./40°C/Stufe 4** aufschlagen. Rühraufsatz entfernen. Butter in Stücken zugeben und **20 Sek./Stufe 5** mixen. Joghurt, Vanillearoma und Zimt zugeben und **10 Sek./Stufe 5** vermengen.

Mehl und Backpulver zugeben und **5 Sek./Stufe 4** unterrühren. Mehlreste mit dem Spatel vom Topfrand lösen und erneut **4 Sek./Stufe 4** rühren. Teig in eine mit Backpapier ausgelegte Springform (ø 26 cm) oder auf ein Backblech geben und glatt streichen. Obst nach Belieben darauf verteilen.

Im vorgeheizten Backofen ca. 20-25 Min. backen.

Zwetschgen halbieren, entkernen und mit der Schale nach unten auf den Teig legen.
Nicht hineindrücken, da diese beim Backen einsinken.

DAS WAR: ★★★★★

Pro Stück (15): 289 kcal | 33 g KH | 6 g EW | 14 g Fett

Traditionelle GEBURTSTAG TORTE

MIT DEM SCHMELZEN DER SCHOKOSAHNE MUSS BEREITS 1 TAG VORHER BEGONNEN WERDEN!

DAS WAR: ☆☆☆☆☆

FÜR 16 STÜCKE

Bevor wir loslegen, möchte ich ein paar Worte zur Torte sagen. Diese Torte gibt es seit Jahrzehnten bei uns zu jedem Geburtstag. Auch ich als Kind habe schon diese Torte immer zum Geburtstag gebacken bekommen. Auch bei meiner Tante und meiner Cousine gibt es immer diese Torte zu den Geburtstagen.

Ihr werdet erstaunt sein, wie einfach die Torte zu backen ist und dass man gar nicht viele Zutaten braucht. Aber Achtung: Die Schokolade macht es aus. Bitte unbedingt gute Zartbitterschokolade verwenden! Keine Nikoläuse und Osterhasen einschmelzen. Das hab ich zwar mal versucht, aber damit hat die Creme nicht geschmeckt. Ich verwende immer Schokolade von Lindt (50% Zartbitter). Also, los gehts:

ZUTATEN

3 Tafeln Schokolade, Zartbitter 50% (à 100 g)
3 Becher Sahne (à 200 g)
½ Glas Erdbeermarmelade
1 kl. Tasse Wasser mit einigen Tropfen Rumaroma

ZUBEREITUNG

Schokolade in Stücken in den Mixtopf geben und **7 Sek./Stufe 7** zerkleinern. Mit dem Spatel nach unten schieben. Sahne zugeben und **5 Min./60°C/Stufe 3** schmelzen. In ein Gefäß umfüllen und über Nacht in den Kühlschrank stellen.

AM NÄCHSTEN TAG:

Schokomasse mit einem Handrührgerät aufschlagen, bis die Masse sehr fest ist. Den unteren Boden mit einem Gemisch aus Wasser und Rumaroma tränken und mit Marmelade bestreichen. 2. Boden aufsetzen, wieder tränken und mit Schokosahne dick bestreichen. Letzten Boden aufsetzen und die komplette Torte außen mit der Creme bestreichen. Nach Belieben verzieren. Happy Birthday!

Pro Stück: 358 kcal | 37 g KH | 6 g EW | 20 g Fett

BACKEN DER BISKUITBÖDEN

ICH BACKE DIE 3 BÖDEN EINZELN NACHEINANDER

ZUTATEN FÜR 1 BODEN

2	Eier
70 g	Zucker
70 g	Weizenmehl, Type 405
½ TL	Backpulver

ZUBEREITUNG

Rühraufsatz einsetzen. Eier und Zucker in den Mixtopf geben und **5 Min./40°C/Stufe 4** aufschlagen. Mehl und Backpulver zugeben und **4 Sek./Stufe 3** unterheben. Teig in eine mit Backpapier ausgelegte Springform (26 cm) geben und im vorgeheizten Backofen bei 180°C Ober-/Unterhitze ca. 10-12 Min. backen.
Das Ganze 3x wiederholen, um 3 Böden zu erhalten.

ZUBEREITUNGSZEIT: 60 MIN.
+ KÜHLZEIT: ÜBER NACHT

NA WER HAT DURST?

DRINKS

Leckere Drinks sowohl für Kinder als auch für Erwachsene!

Vom ausgefallenen Galaxy Slushy bis hin zum erfrischenden Pfirsich-Eistee. Neben sommerlichen Drinks findet ihr auch etwas Wärmendes für den Winter.

COCKTAIL

Slushy

EISTEE

BOWLE

PUNSCH

KAPITEL 6

Drinks

Joghurt-Power-Drink

So geht's

100 g Naturjoghurt, 3,5%
50 g Milch, 1,5%
150 g Orangensaft
2 TL Traubenzucker

Alles Zutaten **20 Sek./Stufe 3** mixen.

Auch lecker mit Mulitvitaminsaft, Kirschsaft oder auch Erdbeersaft. Das Rezept kann auch gleich in 2facher Menge gemixt werden.

In kleine Schraubgläser gefüllt, könnt ihr den Drink 2-3 Tage im Kühlschrank aufbewahren.

Gesamt: 190 kcal | 29 g KH | 7 g EW | 5 g Fett

DAS WAR:

ERDBEER HUGO SLUSHY

ZUTATEN

8-10	Minzblätter
5	Eiswürfel (120 g)
150 g	Erdbeeren, TK
1 EL	Holunderblütensirup
1 EL	Erdbeersirup
1 EL	Limettensaft
120 g	Sekt (mit o. ohne Alkohol)

ZUBEREITUNG

Minze im Mixtopf **3 Sek./Stufe 8** hacken. Eiswürfel zugeben und **12 Sek./Stufe 10** zerkleinern.

Gefrorene Erdbeeren zugeben und **4 Sek./Stufe 10** mixen.

Sirup, Limettensaft und Sekt zugeben und **5 Sek./Stufe 6** mixen.

ZUBEREITUNGSZEIT: 5 MIN.

Pro Glas: 109 kcal | 16 g KH | 1 g EW | <1 g Fett

ZUBEREITUNGSZEIT: 5 MIN.

DAS WAR: ★★★★★

ERDBEER-BOWLE

GLÄSER 6

ZUTATEN

500 g Erdbeeren
1 Limette
etwas Minze
1 Fl. Apfelschaumwein (Cidre, 750 ml)
1 Fl. Mineralwasser (750 ml)
250 g Lillet Blanc
ein paar Eiswürfel
150 g Erdbeersirup

ZUBEREITUNG

Erdbeeren halbieren und Limette in Scheiben schneiden. Alle Zutaten in ein Bowle-Gefäß geben.

Für Kinder
LASST DEN LILLET WEG UND ANSTELLE DES APFELSCHAUMWEINS NEHMT IHR EINE FLASCHE GINGER ALE.

Tipp
IHR KÖNNT EINEN KRUG IN DEN THERMOMIX STELLEN UND SO SUPER EINFACH DIE ZUTATEN EINWIEGEN!

ro Glas: 222 kcal | 29 g KH | 1 g EW | 1 g Fett

Gläser 2

ZUBEREITUNGSZEIT: 5 MIN.

ICE TEA MELONEN Daiquiri

Für Kinder

MIT ZITRONENLIMONADE STATT SEKT SCHMECKT ES GENAUSO LECKER!

ZUTATEN

150 g Eiswürfel
175 g Cantaloupe-Melone
2 EL Zitronensaft
1 Msp. Zimt
1-2 TL brauner Zucker (je nach Süße der Melone)
175 g Eistee, Lemon
50 g Sekt

ZUBEREITUNG

Eiswürfel und Melonen-Fruchtfleisch in den Mixtopf geben und **10 Sek./Stufe 10** zerkleinern.

Restliche Zutaten zugeben und **15 Sek./Stufe 10** fein pürieren. Daiquiri auf zwei Gläser verteilen und sofort genießen. Wer möchte, kann den Drink mit einem Fruchtspieß garnieren.

Tipp

Statt Sekt kann man auch weißen Rum verwenden.

Pro Glas: 99 kcal | 19 g KH | 1 g EW | 1 g Fett

DAS WAR: ☆☆☆☆☆

PFIRSICH EISTEE Sirup

CA. 1,3 LITER

AUCH LECKER MIT LIMONENTEE!

ZUBEREITUNGSZEIT: 60 MIN.

ZUTATEN

14 Beutel Pfirsichtee
3 Beutel Schwarztee
1.000 g Wasser
500 g Zucker
10 g Zitronensäure

ZUBEREITUNG

Wasser in den Mixtopf geben und auf **100°C** erhitzen. Teebeutel einhängen und 10 Min. ziehen lassen. Teebeutel ausdrücken und entfernen.

Zucker und Zitronensäure zugeben und **30 Min./100°C/Stufe 1** ohne eingesetzten Messbecher (Spritzschutz einsetzen) kochen lassen.

Sirup in heiß ausgespülte Flaschen füllen und verschließen.

HALTBARKEIT

Hält sich kühl und dunkel gelagert ca. 6 Monate.

Eistee mixen

Eiswürfel in ein Glas geben, ca. 1 EL Sirup hineingeben und mit stillem Wasser auffüllen.

Etiketten ZUM DOWNLOAD

Findest du bei uns im Shop unter: www.mixgenuss.de/Kostenlose-Downloads

DAS WAR: ☆☆☆☆☆

Pro Glas: 16 kcal | 4 g KH | 0 g EW | 0 g Fett

SATURN
PLUTO
NEPTUN
MARS
ERDE
VENUS
MOND
MERKUR
URANUS
GLÄSER
4
MAGICAL
GALAXY
SLUSH
WECHSELT
DIE FARBE!
MIT SELBST GEMACHTER
ZITRONENLIMO!
VORBEREITUNGSZEIT: ÜBER NACHT
ZUBEREITUNGSZEIT: 15 MIN.

ABGESPACED

DAS WAR: ★★★★★

ZUTATEN

400 g Wasser
1 geh. EL Anchan Blau-Tee*
(Clitoria ternatea)

FÜR DIE ZITRONENLIMO

100 g Zucker
2 Bio-Zitronen
300 g Wasser

480 g Eiswürfel
etwas Mineralwasser

**z.B. in Online-Shops erhältlich*

ZUBEREITUNG

Wasser aufkochen und Tee nach Packungsanweisung zubereiten. Abgekühlten Tee in Eiswürfelformen gießen und einfrieren (am besten über Nacht). Sobald diese gefroren sind, in den Mixtopf geben und **10 Sek./Stufe 10** fein zerkleinern. In eine Schale umfüllen und wieder ins Gefrierfach stellen.

Für die Zitronenlimo:
Zucker im Mixtopf **10 Sek./Stufe 10** pulverisieren. Zitronen heiß abwaschen, halbieren und zugeben. **2 x 2 Sek./Turbo** mixen. Mit 300 g Wasser aufgießen und durch ein Sieb absieben (etwas ausdrücken).

Für Crushed Ice je 120 g Eiswürfel **4 Sek./Stufe 6** crushen und in ein Glas füllen. Vorgang wiederholen, bis 4 Gläser mit Crushed Ice zur Hälfte gefüllt sind.

Nun die Hälfte des „blauen Eises“ auf die Gläser verteilen. Mit Zitronenlimo übergießen und leicht umrühren. Der Galaxy Slush färbt sich nun lila. Auf jedes Glas noch einen Schuss Mineralwasser geben. Etwas warten und mit restlichem „blauem Eis“ abdecken.

Pro Glas: 117 kcal | 26 g KH | <1 g EW | <1 g Fett

VORBEREITUNGSZEIT: ÜBER NACHT
ZUBEREITUNGSZEIT: 15 MIN.

TROPICAL KIWI FLIP

GLÄSER 2

ZUTATEN

250 g Wasser
2 TL Anchan Blau-Tee*
(Clitoria ternatea)

2 Kiwis
1 TL brauner Zucker
75 g Orangensaft

250 g Eiswürfel
2 EL Zitronensaft,
frisch gepresst
200 g Tonic Water

**in Online-Shops erhältlich*

ZUBEREITUNG

Wasser aufkochen und Tee nach Packungsanweisung zubereiten. Abgekühlten Tee in Eiswürfelformen gießen und einfrieren (am Besten über Nacht). Sobald diese gefroren sind, in den Mixtopf geben und **10 Sek./Stufe 10** fein zerkleinern. In eine Schale umfüllen und wieder ins Gefrierfach stellen.

Kiwis schälen, mit braunem Zucker in den Mixtopf geben und **5 Sek./Stufe 5** zerkleinern. Auf zwei Gläser aufteilen. Orangensaft mithilfe eines Esslöffels vorsichtig auf die Kiwischicht geben.

Für Crushed Ice je 125 g Eiswürfel **4 Sek./Stufe 6** crushen und auf beide Gläser verteilen. Vorgang wiederholen.

Nun die Hälfte des „blauen Eises" auf die Gläser verteilen und je Glas 1 EL Zitronensaft darauf geben. Nun färbt sich das blaue Eis lila. Tonic Water auf die Gläser verteilen und mit restlichem „blauem Eis" abdecken.

Pro Glas: 123 kcal | 23 g KH | 1 g EW | 1 g Fett

GLÄSER 6

Früchte-PUNSCH

DAS WAR:

ZUTATEN

1	Bio-Orange
5	Nelken
220 g	Cranberrysaft
300 g	Orangensaft
150 g	Ananassaft
300 g	Wasser
¼ TL	Zimt
1 Btl.	Früchtetee
1 Glas	Süßkirschen (Abtr.gew. 360g)
1	grüner Apfel

ZUBEREITUNG

Orange in Scheiben schneiden und zusammen mit den Nelken in den Gareinsatz geben. Säfte, Wasser und Zimt in den Mixtopf geben. Teebeutel einhängen und Gareinsatz einsetzen. Kirschen samt Saft mit in den Gareinsatz geben und **15 Min./100°C/Sanftrührstufe** erhitzen.

Nach Garzeitende Gareinsatz herausnehmen und Nelken sowie Teebeutel entfernen. Orangenscheiben und Kirschen in eine Karaffe geben. Apfel in Scheiben schneiden, ebenfalls in die Karaffe geben und mit heißem Punsch aufgießen.

Pro Glas: 121 kcal | 24 g KH | 1 g EW | 1 g Fett

ZUBEREITUNGSZEIT: 20 MIN.

Apfel-GLÜHWEIN

FÜR DIE ERWACHSENEN!

6 GLÄSER

CA. 1,5 LITER

Pro Glas: 228 kcal | 22 g KH | 1 g EW | <1 g Fett

DAS WAR:

ZUTATEN

2	Äpfel, entkernt, geviertelt
500 g	Apfelsaft
2	Zimtstangen
1000 g	Weißwein
80 g	Apfelschnaps (Calvados)
1 EL	Zucker

ZUBEREITUNG

Äpfel klein würfeln, zusammen mit Apfelsaft und Zimtstangen in den Mixtopf geben und **8 Min./100°C/Sanftrührstufe** kochen.

Weißwein, Apfelschnaps und Zucker hinzufügen und alles **4 Min./80°C/Sanftrührstufe** durchziehen lassen.

Vor dem Servieren die Zimtstangen entfernen.

ZUBEREITUNGSZEIT: 15 MIN.

GLÄSER 4

VIRGIN COLADA

VORBEREITUNGSZEIT: ÜBER NACHT
ZUBEREITUNGSZEIT: 5 MIN.

ZUTATEN

400 g Ananasfruchtfleisch
1 Dose Kokosmilch (400 g)
300 g Kokos-Ananas-Saft
100 g Eiswürfel
1 EL frisch gepresster Limettensaft
3 TL Kirschsirup

Tipp zum Dekorieren:
etwas frische Minze
ein paar frische Kirschen

ZUBEREITUNG

Ananas aushöhlen, 400 g Ananasfruchtfleisch in Würfel schneiden und über Nacht einfrieren.

Am nächsten Tag alle Zutaten (außer Sirup) in den Mixtopf geben und **20 Sek./Stufe 9** mixen. In 3 Gläser füllen und je 1 TL Kirschsirup darüber geben. Mit Minze und Kirschen garniert servieren.

Ihr könnt auch Ananas aus der Dose verwenden und den Cocktail in einem Glas servieren.

FÜR EINE PIÑA COLADA EINFACH WEISSEN RUM ZUGEBEN!

DAS WAR: ★★★★★

Pro Glas: 295 kcal | 27 g KH | 2 g EW | 19 g Fett

Pro Glas: 124 kcal | 18 g KH | 1 g EW | 5 g Fett

Gläser 3

Coconut Kiss

Zubereitungszeit: 5 Min.

Zutaten

150 g Eiswürfel
100 g Kirschsaft
300 g Kokos-Ananas-Saft
50 g Sahne
1 EL Kokossirup

Tipp zum Dekorieren:
etwas frische Minze
ein paar frische Kirschen

Zubereitung

Alle Zutaten in den Mixtopf geben und **20 Sek./Stufe 9** mixen.

In 2 Gläser füllen und mit Minze und Kirschen garniert servieren.

Das war: ★★★★★

Bitte nicht essen!

Hier findet ihr coole Do-it-Yourself Projekte, die ihr mit der ganzen Familie zusammen basteln könnt!

Mit dem Thermomix kann man nicht nur Essen kochen, sondern auch Non-Food-Produkte herstellen, wie z.B. Badebomben, Knete oder Seifenblasen u.v.m. Probiert's einfach aus!

KAPITEL 7

Non Food

Sprudelnde BADEBOMBEN

Seid kreativ!
FARBE, FORM, BLÜTEN, GLITZER – ALLES IST MÖGLICH!

ZUTATEN

200 g Natron
100 g Zitronensäure (Pulver!)
50 g Speisestärke
100 g Kokosöl
ein paar Tropfen ätherisches Öl, nach Wahl
einige getrocknete Blütenblätter
1 Msp. Lebensmittelfarbe

Zubehör: Silikonformen

ZUBEREITUNG

Natron, Zitronensäure und Speisestärke in den Mixtopf geben und **5 Sek./Stufe 3** mixen. Restliche Zutaten zugeben und **30-40 Sek./Teigstufe** kneten.

Masse in Silikonformen drücken und 1-2 Std. im Kühlschrank fest werden lassen. Am besten über Nacht!

Fertige Badebomben kühl lagern. (Unter 20°C!)

ZUBEREITUNGSZEIT: 5 MIN.
+ KÜHLZEIT: MIND. 1-2 STD.

Findest du bei uns im Shop unter:
www.mixgenuss.de/Kostenlose-Downloads

Do-it-yourself
PEELINGS
TOLLE GESCHENKIDEE!
KOKOS-LIMETTEN-
KÖRPERPEELING
ZITRONEN-
ZUCKERPEELING
Tipp
WER MÖCHTE, KANN
NOCH EIN PAAR TROPFEN
ÄTHERISCHE ÖLE ZUGEBEN.
Etiketten
ZUM DOWNLOAD
Findest du bei uns im Shop unter:
www.mixgenuss.de/
Kostenlose-Downloads

Kokos-Limetten-Körperpeeling

ZUTATEN

125 g Meersalz
50 g Kokosöl
1 Spritzer Limettensaft
1 Bio-Limette, Schalenabrieb davon

ZUBEREITUNG

Kokosöl leicht erwärmen, damit es flüssig wird. Restliche Zutaten zugeben und vermengen. Fertig!

Hinweis: Sollte das Meersalz zu grob sein, kann es im Thermomix auf **Stufe 8** etwas feiner mahlen.

ANWENDUNG

Nach dem Duschen auf die Haut auftragen und sanft einmassieren. Mit warmem Wasser abbrausen und die Haut nur mit einem Handtuch trocken tupfen. Danach ist die Haut samtig weich und muss in der Regel nicht eingecremt werden. Perfekt!

ZUBEREITUNGSZEIT: 5 MIN.

Zitronen-Zuckerpeeling

FÜR´S GESICHT

ZUTATEN

150 g Zucker, fein
50 g Kokosöl
1 Bio-Zitrone, Schalenabrieb davon

ZUBEREITUNG

Kokosöl leicht erwärmen, damit es flüssig wird. Restliche Zutaten zugeben und vermengen. Fertig!

ANWENDUNG

Nach dem Reinigen des Gesichts auf die Haut auftragen und sanft einmassieren. Mit warmem Wasser abwaschen und die Haut mit einem Handtuch trocken tupfen. Danach ist die Haut samtig weich und muss in der Regel nicht eingecremt werden.

ZUBEREITUNGSZEIT: 5 MIN.

MR. FLUFFY

Der perfekte Schleim!

ZUBEREITUNGSZEIT: 10 MIN.
+ RUHEZEIT: ÜBER NACHT

HÄLT 3–4 WOCHEN

LUFTDICHT VERSCHLOSSEN AUFBEWAHREN!

1 FLASCHE WEISSEN BASTELKLEBER (100 ML) + 2 EL WASSER IN EINER SCHÜSSEL GUT VERRÜHREN.

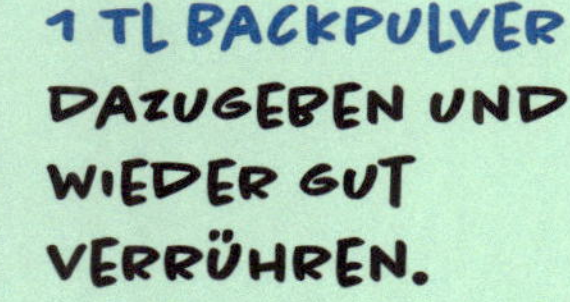

1 TL BACKPULVER DAZUGEBEN UND WIEDER GUT VERRÜHREN.

1 KINDERHANDVOLL RASIERSCHAUM + EIN PAAR TROPFEN LEBENSMITTELFARBE NACH WAHL ZUGEBEN UND ZU EINER MASSE VERRÜHREN.

Tipp

Sollte der Schleim am nächsten Tag noch zu sehr an den Fingern kleben noch einmal 1-2 TL Kontaktlinsen-Kombilösung unterrühren. Noch einmal ein paar Stunden ruhen lassen und ab und zu gut umrühren.

2 EL KONTAKTLINSEN-KOMBILÖSUNG HINZUFÜGEN UND WIEDER RÜHREN.

SCHLEIM OFFEN ÜBER NACHT RUHEN LASSEN.

DIY KNETE

ohne Chemie!

ZUTATEN

20 g	Zitronensäure
30 g	Öl
200 g	Wasser
250 g	Weizenmehl, Type 405
100 g	Salz
etwas	Lebensmittelfarbe, nach Wahl

ZUBEREITUNG

Alle Zutaten in den Mixtopf geben und **1 Min./Teigstufe** verkneten.

ZUBEREITUNGSZEIT: 5 MIN.

LUFTDICHT VERSCHLOSSEN AUFBEWAHREN!

Selbstgemachte Riesen-SEIFENBLASEN

ZUBEREITUNGSZEIT: 5 MIN.

DAS BRAUCHT IHR:

1 Fl.	Fairy Ultra Konzentrat, grün oder gelb (450 ml)
1 P.	Backpulver
20 g	Guakernmehl oder Johannisbrotkernmehl

DAS SEIFENBLASEN-KONZENTRAT HÄLT MEHRERE MONATE.

Rühraufsatz in den Mixtopf einsetzen. Alle Zutaten hineingeben und **30 Sek./Stufe 2** mixen.

Wer keinen Thermomix besitzt, kann die Zutaten in eine Schüssel geben und dem Schneebesen oder Handrührgerät gut verrühren. Es dürfen keine Klumpen mehr vorhanden sein, ggf. durch ein Sieb streichen.

Das Konzentrat kann in eine Flasche gefüllt aufbewahrt werden. Für die Zubereitung des Seifenblasenmittels mischt man 1 Teil Konzentrat auf 10-15 Teile Wasser.

Meine Jungs hatten ordentlich Spaß im Garten. Da ich keine Seile und Bambusstöcke da hatte zum Seifenblasen-Stäbe basteln, hab ich mit Basteldraht und Wolle improvisiert. Hat prima geklappt. Das „Seifenblasenloch" darf nur nicht zu groß sein. Ca. 10 cm Durchmesser ist ideal.

Tipp

Ihr könnt auch fertige Seifenblasen-Stäbe kaufen.

DER HIT AUF JEDEM KINDER-GEBURTSTAG!

Rätselspass AUFLÖSUNG

SEITE 11 – BUCHSTABENSALAT

Folgende Wörten sind versteckt:
Salat, Tomate, Oliven, Karotten, Gurke, Lauch, Apfel, Rettich, Erdbeere, Kiwi, Birne, Banane

D	S	T	E	S	F	H	J	K	L	I	N	D	F	S
O	A	I	T	G	B	N	R	B	U	I	N	S	E	C
L	L	K	O	L	I	V	E	N	G	B	I	R	N	E
T	A	K	M	B	T	L	T	U	E	U	S	B	N	M
B	T	K	A	R	O	T	T	E	N	M	R	O	T	I
C	B	B	T	E	D	B	I	I	B	N	N	K	T	L
B	O	T	E	Z	U	U	C	O	S	U	L	K	E	B
E	R	T	Z	N	E	I	H	R	T	T	K	B	T	L
L	A	U	C	H	B	R	L	P	H	J	I	L	G	I
D	P	X	L	D	F	F	D	O	S	O	W	O	J	U
K	F	C	D	O	N	R	K	B	L	W	I	Ö	X	W
L	E	G	C	B	A	N	A	N	E	Z	B	E	R	T
#	L	H	W	A	H	K	C	Z	W	E	U	I	B	A
K	I	P	H	F	M	U	P	S	R	I	R	P	H	E
A	V	B	M	R	I	H	K	P	Q	U	H	E	I	Z

SEITE 113 – EMOJI RÄTSEL

🩸🍊 = Blutorange

🌽🔥💥 = Popcorn

🐄🍫 = Milchschokolade

🔥🐶 = Hot Dog

🧽🦀🍔 = Krabbenburger

🍪⚫⚪⚫ = Oreo-Keks

🧀🍰 = Käsekuchen

❄️☕ = Eiskaffee / Eistee

🥑🍅🌮 = Guacamole

SEITE 147 – KNÖDEL-RÄTSEL

Ergebnis: 26 Stück

SEITE 183 – DIE GEHEIME ESSENZ

Du findest sie auf Seite 83

SEITE 196 – BEISPIEL FÜR EIN GESPIELTES SPIEL

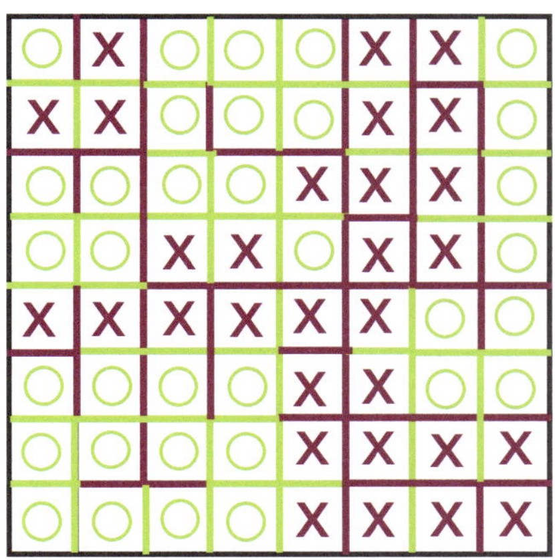

GRÜN: 34 / PINK: 30

Gewonnen hat Spieler grün / O

SEITE 208 – FINDE DIE FEHLER

SEITE 244

zutaten

zubereitung

Notizen

zutaten

zubereitung

Notizen

Zutaten

Zubereitung

Notizen

zutaten

zubereitung

Notizen

Rezepte   

THE END

IMPRESSUM

HERAUSGEBER	© C. T. Wild Verlag & Handel GmbH Saueracker 7, D-93309 Kelheim Tel. 09441 703772-0 Email: info@mixgenuss.de www.mixgenuss.de
ISBN NR.	978-3-96181-038-3
AUFLAGE	1. Auflage - Oktober 2020
AUTORIN	Corinna Wild
FOTOS	Corinna Wild & Eva Gruber Adobe Stock: © bosotochka, © Dariia, © green2, © Photobeps, © ksenyasavva, © ratselmeister, © y2h, © graphixmania, © giovanniluca, © baksiabat, © Marina Lvova, © Ideenkoch, © ธนพล สินสร้าง, © Oleksandr Moroz, © LanaSham, © lenkaserbina, © neuevector
GESTALTUNG & LAYOUT	Corinna Wild & Eva Gruber
DRUCK & BINDUNG	Grafisches Centrum Cuno GmbH & Co. KG, 39240 Calbe (Saale)

olive
FRIES
MILK
CHIPS